# 내 마음을 읽는 시간

관계는 어렵고 감정은 버거운 어른을 위한
일곱 번의 마음수업

# 내 마음을 읽는 시간

변지영 지음

더 퀘스트

# 내 마음을 읽는 시간

**초판 발행** · 2017년 11월 10일
**초판 7쇄 발행** · 2020년 2월 20일
**개정판 발행** · 2023년 7월 25일

**지은이** · 변지영
**발행인** · 이종원
**발행처** · (주)도서출판 길벗
**출판사 등록일** · 1990년 12월 24일
**주소** · 서울시 마포구 월드컵로 10길 56(서교동)
**대표전화** · 02)332-0931 | **팩스** · 02)323-0586
**홈페이지** · www.gilbut.co.kr | **이메일** · gilbut@gilbut.co.kr
**대량구매 및 납품 문의** · 02)330-9708

**기획 및 책임편집** · 박윤조, 이민주(ellie09@gilbut.co.kr) | **편집** · 안아람 | **제작** · 이준호, 손일순, 이진혁, 김우식
**표지디자인** · 박상희 | **마케팅** · 한준희, 김선영, 이지현 | **영업관리** · 김명자, 심선숙 | **독자지원** · 윤정아, 최희창

**전산편집** · 이은경 | **일러스트** · 최진영 | **CTP 출력, 인쇄, 제본** · 예림인쇄

※ 이 책은 한국출판문화산업진흥원 2017년 우수출판콘텐츠 제작 지원 사업 선정작입니다.
※ 이 책은 2017년에 출간된 《내 마음을 읽는 시간》의 개정판입니다.

ISBN 979-11-407-0509-2 03180
(길벗 도서번호 040275)

정가 17,700원

독자의 1초까지 아껴주는 길벗출판사

(주)도서출판 길벗 | IT교육서, IT단행본, 경제경영서, 어학&실용서, 인문교양서, 자녀교육서 www.gilbut.co.kr
길벗스쿨 | 국어학습, 수학학습, 어린이교양, 주니어 어학학습, 학습단행본 www.gilbutschool.co.kr

페이스북 www.facebook.com/thequestzigy
네이버 포스트 post.naver.com/thequestbook

나는 그저 내 안에서 이끄는 대로 살고 싶었는데,

그것이 왜 그리도 힘들었을까?

_《데미안》 중에서

# 나는 내 마음도 잘 모르면서

나는 강연과 상담을 하면서 사람들을 많이 만납니다. 강연 주제와 상담 내용은 그때그때 다르지만, 뜻밖에도 여럿이 다음과 같은 심정을 공통되게 토로하곤 합니다.

"내가 원하는 게 뭔지 모르겠어요."

"앞으로 어떤 삶을 살고 싶은지…… 나도 말할 수 있으면 좋겠네요."

물론 누구에게나 이런 고민이 필요할 때가 있습니다. 하지만 이 절박한 고민을 접하는 순간 당혹스러운 것은 그분들이 이미 그런 고민 정도는 다 마쳤을 법한 사람들이기 때문입니다. 조금만 얘기를 나눠봐도 이제 갓 삶의 방향을 잡기 시작한 청년들이라든가, 아니면 '방향 없이 적당히' 살다가 위와 같은 고민에 빠진 경우와는 처지가 많이 다릅니다. 그들 대부분은, 부모 속 크게 썩이지 않으며 자랐고, 열심히 공부하며 학창시절을 보냈고, 좋은 회사에 취

직했고, 지금도 영어와 중국어를 배우고 운동을 하는 등 자기계발을 게을리하지 않고 있거든요. 하고 싶은 것보다는 해야 할 일을 하고, 남을 배려해 주위에서 이른바 '롤모델'이 되어온 사람들이 주로 이런 고민을 털어놓습니다. 그때마다 나는 이렇게 묻습니다.

"이 얘기를 하시는 지금의 느낌이라든가…… 기분은 어떠세요?"

신기하게도 이 간단한 질문에도 상당수가 바로 답하지 못합니다. 삶의 방향에 대한 고민을 얘기하는데 왜 뜬금없이 기분을 물어보느냐고 의아해하는 분도 많습니다. 그런데 이 두 가지는 정말 관련이 없을까요?

내 마음이 지금 어떤지, 지금 어떤 기분이나 느낌이 드는지 잘 알지 못하면서 삶에서 정말 원하는 것을 알 수 있을까요? 나에 대한 구체적인 정보가 별로 없는 사람이 삶을 이렇게 저렇게 살겠다고 구상할 수 있을까요? 왜 많은 분이 그렇게 열심히 살면서, 삶의 목적이나 의미는 고사하고 자신이 바라는 것조차 모를까요?

이렇게 삶의 방향이 잡히지 않아 자기계발 도서나 영상을 찾아보면 누구나 '나답게' 살라고 조언합니다. 그런데 과연 나답게 산다는 것은 무엇일까요?

"그간 정말 애썼다. 당신은 있는 그대로 괜찮다"는 말을 들으면 마음이 푸근해지곤 해요. 하지만 '나답게 산다는 게 뭔가' 하는 의문이 해결되지는 않습니다. "그렇게 애쓰지 않아도 돼. 넌 이미 충분하니까"라는 말이 절박함을 덜어주기도 해요. 하지만 그다음엔 어떻게 살아가라는 건지, 정말 이대로 충분한 건지 가슴 깊은 곳에서 납득이 되시나요? 어쩌면 누구에게나 건네기 쉬운 위로의 말이 지금 내 상황을 조금이라도 바꿔볼 힘을 주던가요? '아, 이렇게 저렇게 살아가면 되겠구나' 하고 삶을 지속시키는 에너지를 얻기에는 턱없이 부족하지 않던가요?

그렇다면 어떻게 하면 좀 더 만족스럽게, 나답게 삶을 살아갈 수 있을까요? 이 책에 '나답게 사는 삶'의 실마리를 찾는 데 꼭 필요하다고 생각되는 '도구'들을 모아봤습니다. 지금껏 심리학자들이 연구하고 논의했던 내용들 중 나 자신을 이해하고 삶을 긍정적으로 지속하는 데 도움이 될 법한 개념들을 고른 거죠.

내 삶의 방향을 고민한다면 우선, 지금 내 마음에 무엇이 들어왔다 나가는지 구체적으로 살펴봐야겠죠. 내 미래의 힌트를 미래 예측서나 트렌드 리포트에서 찾을 수 있을까요? 백 년을 들여다봐도 못 찾을 겁니다. 내 마음의 나침반을 바깥에서 찾을 수는 없으니까요. 지금 내 마음에 무엇이 일어나고 있고, 그것을 내가 어떻게 받아들이고 어떻게 생각과 행동으로 옮기는지 살펴본다면, 다시 말해 그 '패턴'을 알아차릴 수 있다면 지금까지 내게 일어난 일들과 살아온 삶을 훨씬 잘 이해할 수 있습니다. 그런 다음에야 아마도 미래의 나를 예측하고 현재 삶을 조정할 수 있을 것입니다. '지금 내가 알아차리는 마음이 앞으로의 삶을 조정하고 바꾼다'는 얘기입니다.

내 진로, 앞으로의 삶을 구상하려면 무엇보다도 아주 구체적인 수준에서 자기이해가 이루어져야 합니다. 내가 어떤 것으로 구성되어 있는지를 알아야 내게 더 중요한 것과 덜 중요한 것이 보이고, 그것을 토대로 의사결정을 할 수 있을 테니까요.

이때 필요한 것이 심리학에 기반한 친절한 자기이해 매뉴얼입니다.


심리학이 인간의 마음과 행동을 연구하는 학문이라고는 하지만, 우리 삶에 손쉽게 적용할 수 있게 척척 요리하기 좋은 재료는 못 되는 것 같습니다. 보이지 않는 것에 대해 말해야 하는 학문이기 때문에 자연과학과 달리 연구 결과도 아주 조심스럽게 해석해야 하고, A와 B가 통계적으로 유의미한 차이가 있는지 없는지, 관계가 있는지 없는지 들여다보는 양적 연구를 기본으로 삼기 때문일 것입니다. 아마 대학에서 심리학을 공부한 분들이라면 고개를 끄덕이고도 남으리라 생각합니다.

그래서 '심리학'을 표방하며 출간되는 책들 중 상당수가 사실은 심리학 서적이라기보다는, 심리학적 근거가 상당히 빈약하거나 자의적으로 적용된 처세서로 보일 때가 많습니다. 이런 책은 읽는 사람에게 도움이 되기보다는 자칫 단편적 지식에 뒤따르는 선입견이나 오해를 불러올 수 있습니다. 심리학의 특성상 학문적 근거를 탄탄하게 갖추면서도 누구나 읽을 수 있도록 쉽고 명료하게 책을 쓰기란 무척 어렵습니다.

그럼에도 '내 마음을 읽기 위한 심리학 공부' 또는 '심리학을 권하다'라는 (내게는) 부담스러운 주제로 책을 쓴 이유는 순전히 내가 만나온 얼굴들 때문입니다. 너무 열심히 살아와서 더 이상은 노력할 수도 없는 분들. 방향 없이 너무 오래 달려온 분들. 자신이 해온 것에 비해 만족감이 너무 낮은 분들……. 이런 분들에게 '자기이해' 매뉴얼을 하나 만들어드리고 싶었습니다. 트렌드 예측에 밝고 사회 변화는 잘 감지하면서 정작 자기 자신에 대해서는 깜깜한 분들. 그래서 크고 작은 삶의 위기 앞에서 번번이 무너지거나 여전히 대인관계가 가장 어렵다는 분들. 이렇게 사는 건 정말 아닌 것 같은데 그렇다고 해서 대안이 뭔지는 모르겠다는 분들.

독일의 철학자이자 심리학자 프란츠 브렌타노Franz Brentano는 이렇게 말했습니다.

"내면을 지각한다는 것internal perception은 관찰internal observation과 다르며, 자기성찰introspection과도 다르다."

성찰이 철학의 몫이라면, '지각'은 심리학의 몫이라고 할 수 있습니다. 이때 지각이란 쉽게 말해 '안다'는 것인데요, 지식으로 추론해서 아는 것이 아니라 감각을 통해 직접적으로 안다는 말입니다. 내 몸에서 열이 난다, 화가 난다 등을 아는 것입니다. 내 마음을 읽는 일은 바로 이 '지각'에서 출발합니다. 내 안의 미세한 움직임들을 포착하고 그 의미를 알아차리면 내 마음에서 많이 벗어난 의사결정을 내리는 일이 줄어듭니다. 본의 아니게 엉뚱한 일을 한다거나 정작 나를 가로막는 행위들을 하는 것이 아니라 진정한 내 편이 되어 살아갈 수 있습니다.

이 책은 지금까지 살아온 나를 이해하고 앞으로 어떻게 나아가야 할지 방향을 잡기 위해 잠시 멈추려는 분들을 위해 썼습니다. 내가 내 마음도 모르면서 누군가가 나를 온전히 이해하고 받아주기를 바라고, 나 스스로 무엇을 원하는지 잘 모르면서 세상이 내 뜻대로 돌아가주기를 바라는 것은 모순이 아닐까요? 지금껏 우리가 바깥세상과 타인에 대해 너무 많이 마음을 썼다면, 이제는 밖으로 향한 안테나를 안으로 돌려 내 안을 탐색해볼 때입니다.

나는 이 책에 실린 마음도구들을 누구나 쉽게 이해하고 익힐 수 있도록 쓰려고 노력했습니다. 독자 여러분은 이 도구들을 유용하게 쓰리라 믿습니다. 이미 그럴 능력들을 다 가지고 있으니까요. 아직까지는 그 도구들이 어디에 쓰이는지 의식하지 못했고 주의를 기울이지 않았을 뿐입니다. 우리가 가지고 있지만 쓰지 않았고, 알고 있지만 제대로 생각해보지 않았던 것들을 만나볼까요?

이 책은 2부로 구성되어 있습니다. 1부에서는 내 마음 읽는 법, 2부에서는 삶을 탄탄하게 구축하는 법을 소개합니다. 내 마음을 읽고 그것이 어디에서 비롯된 것인지 안다면, 관계로 고민하고 감정적 문제로 걱정하는 일이 많이 줄어듭니다. 이렇게 나를 깊이 읽고 이해하기 위한 마음도구 네 가지를 1부에 넣었습니다. 차례차례 읽어보면 나한테 가장 크게 걸려 있는 문제가 무엇인지 감이 좀 잡힐 겁니다.

내 마음을 읽었다면 2부에서는 좀 더 적극적으로 나를 변화시킬 차례입니다. 내 어려움과 한계를 인정하고 더 크게 살아가기 위해 필요한 마음도구 세 가지가 2부에 들어 있습니다. 총 일곱 가지의 마음도구를 차례로 들여다보면 '나'에 대한 이해가 한층 깊어지고 앞으로 삶의 여정에 대한 실마리를 찾을 수 있으리라 기대합니다.


연애를 하면서 상대방에게 집중적인 관심과 호기심을 쏟아본 적이 누구에게나 있을 것입니다. 그런 강도 높은 관심이나 보살핌을 자기 자신에게 쏟아본 적이 있나요? '비교'라는 전쟁터에서 수없이 쏟아지는 '평가'의 화살을 맞으며 살아온 우리는 내가 이 집단에서 어느 정도 수준인지는 알아도 나 그 자체에 대해서는 잘 알지 못합니다. 평생 비교하고 비교당하며 살아온 삶의 후유증이라고 할까요, 빨리빨리 결과를 내야 하는 시대를 살아온 사람들이 치러야 할 기회비용이라고 할까요.

자, 이제 내 마음 들여다볼 마음도구들을 만나러 갈 준비가 되었다면, 많은 분이 고민하고 어려워하며 우리 삶에 지대한 영향을 끼치는 관계 이야기로 시작해보겠습니다.

# 차례

## 3장 내 감정을 알면 보이는 것들 087
### 나를 읽는 마음도구 3. 정서분별

## 4장 감정은 내 마음의 SOS 신호 127
### 나를 읽는 마음도구 4. 정서조절

## "이유도 모르고 속상한 사람들에게"

우리는 결코 원하는 관계를 맺을 수 없다.

다만 우리가 만들 수 있는 관계만 맺을 뿐이다.

우리가 만들 수 있는 관계란,

'완벽한 관계'에 대한 환상에서 빠져나와

타인의 '다름'을 견디고 받아들일 수 있다는 것을 뜻한다.

_이본느 아가자리안

# 내 마음을 읽는 법

## 관계는 어렵고 감정은 모르겠다면

Psychology for life

# 1장

# 나는 왜 항상 휘둘리는가?

## 나를 읽는 마음도구 1. 자기분화

**'노'라고 말하지 못하는 사람들에게**

자기분화란? 나를 포기하지 않으면서

타인과 관계를 맺는 능력입니다

정서적으로 건강한 사람들은
죄책감 없이 자신의 요구를 충족시키고,
자신을 희생하지 않으면서
다른 사람들과 관계를 맺을 수 있다.

_제임스 앤드루 호그

다른 사람 눈치 보지 말고 나답게 살겠다, 미움을 받더라도 당당하게 내 목소리를 내겠다는 사람이 많아졌습니다. 그런데 실생활에서 그런 행동이 자연스럽게 나오던가요? 왜 이것이 쉽지 않을까요? 어디까지가 나의 삶, 내 생각이고, 어디서부터는 그의 삶, 그의 생각인지 명확히 구분되나요? 정말 내가 지켜야 할 '나'라는 것은 무엇이죠? '나'라고 하는 것이 어디에서 어디까지인지 알지 못한다면 과연 '나'로 산다는 것은…… 가능할까요?

가까운 사람과 싸우고도 마음이 편안한 사람은 아마 없을 겁니다. 우리는 대개 관계가 불편해지는 것을 원치 않기 때문에, 가정에서도 회사에서도 웬만하면 상대에게 맞추고 좋게 지내려 합니다. 그런데 이런 태도가 좀 지나쳐서 문제가 되는 경우가 있습니다. 남에게 부탁하기 싫어서 어지간한 일은 내가 다 해버리거나, 타인에게서 부정적인 얘기, 싫은 소리 듣는 것이 싫어서 자신을 혹사해왔는데 결국 돌아오는 것은 '내가 지금껏 참고 묵묵히 도와줬더니 이제는 나를 바보로 보나?' 하는 배신감과 피해의식이었다고 얘기하는 사람이 많습니다. 상대방은 그다지 신경 쓰지도 않는 것 같은데 나만 울컥 화가 나는 일이 반복되기도 합니다. 그것도 뒤늦게 잠자리에 들 때쯤 말이죠. "참을 인 자 세 번이면 호구 된다"던 어느 개그맨의 일갈이 귓전에 사무칩니다. 도대체 무엇이 문제이고 상황이 왜 이렇게 흘러가는 걸까요?

# 말려들기와 공감 사이

내가 마음이 약해서 거절을 못하거나 지나치게 공감을 잘해서 손해 볼 때가 많다고 생각하는 사람들이 있습니다. 칼라 매클래런 Karla McLaren 박사는 이런 사람들에게, '말려들기enmeshment'를 공감으로 오해하지 말라고 경고합니다.[1] 공감은 '모든 것을 덮어두고 동의하는 것'이 아니라고요.

　가족이나 친구, 연인 사이에, 또는 회사 동료에게 "당신이라면 내 편을 들어줬어야 하는 거 아냐? 왜 그렇게 내 마음을 몰라!" 하며 섭섭함을 드러내는 경우가 있습니다. 사람마다 처지와 맥락에 따라 생각이나 느낌이 다를 수 있는데도 '우리는 생각이 같아야 해'라고 믿은 나머지 상대를 다짜고짜 추궁하거나, 반대로 '같이 느끼지 못하는' 것에 죄책감을 느끼기도 합니다. 이런 상황은 모두 공감이 아니라 '말려들기'에 해당합니다.

　공감을 전문적으로 연구해온 매클래런 박사에 따르면, 타인의 감정이나 생각을 자신의 것과 구분하지 못한 채 그저 동의하고 따라가는 것은 말려들기입니다. 우리는 스스로 알아차리지 못한 채, 그러니까 무의식적으로 '말려들기'를 강요하기도 하고 당하기도 합니다. '말려든' 상태에서는 내 감정을 타인의 감정에서 분리시키기가 힘듭니다. 그래서 지지하고 공감하는 수준을 벗어나 타인의 감정에 반응하고 타인의 생각을 놓고 고민하느라 내 처지나 상황에 대한 감각을 잃기도 하죠.

사실 공감은 그리 간단한 과정이 아닙니다. 매클래런 박사는 누군가에게 공감을 하고 행동으로 옮기는 것이 다음 여섯 단계를 통해 이루어진다고 얘기합니다.

### 공감에서 행동에 이르는 6단계

1. 감정 전염emotion contagion

2. 감정 이해empathic accuracy

3.   감정 조절emotion regulation

4.   조망 수용perspective taking

5.   타인에 대한 관심concern for others

6.   참여하고 행동하기perceptive engagement

진정한 공감과 달리 말려들기에서는 1단계인 '감정 전염'만 일어납니다. 내 감정이나 생각을 미처 검토하지 못한 채 상대의 감정에 휘말리죠. 그래서 2단계부터 6단계까지 진행될 새 없이 타인의 감정 안으로 얽혀 들어갑니다. 타인의 일인데도 내 일처럼 감정적으로 타격을 받고, 그 사람의 입장과 내 입장을 분리하지 못해 종종 지나치게 관여하거나 행동을 시시콜콜 지시하는 일까지 벌어집니다. 그렇게 해서 내 일 네 일 가릴 것 없이 함께 걱정하고 도와주던 사이가 순식간에 피로감과 섭섭함, 미움으로 얼룩지기도 합니다. 남보다 못한 사이가 되고 마는 거죠. 매클래런 박사는 이처럼 타인에게 말려드는 것은 궁극적으로 오히려 관계를 망가뜨리기 때문에 자기 자신에 대한 존중과 신뢰를 바탕으로 건전하게 공감해야 한다고 주장하면서 공감의 단계를 다음과 같이 설명합니다.

1.   **감정 전염** 다른 사람의 감정이 내게 전해지는 단계. 아직 공감이라 할 수 없다.

2.   **감정 이해** 자신과 타인이 어떻게 느끼고 있는지 구체적으로 정확히 이

해하고 알아차린다. 내 마음에 일어나는 것이 무엇인지 알지 못하면서 타인에게 공감할 수는 없다.

3. **감정 조절** 공감을 제대로 하려면 자신의 정서에 잘 대처할 수 있어야 한다. 불쾌한 감정이 밀려오거나 강렬한 정서에 압도될 때 우리는 공감은커녕 그 자리에서 도망가고 싶어진다.

4. **조망 수용** 상대방의 입장에서 상황을 본다. 내가 아니라 그 사람의 입장에서 무엇이 필요한지, 무엇을 원하는지 이해할 수 있게 된다.

5. **타인에 대한 관심** 공감은 우리를 타인과 연결해준다. 참된 공감은 타인에 대한 진심 어린 염려와 관심에서 나온다.

6. **참여하고 행동하기** 나 자신에게 도움이 되는 것이 아닌 지금 상대방에게 필요한 것을 행동으로 옮긴다.


건강한 공감이란 서로 얽히고설키는 것, 말려들고 걸러드는 것, 어느 누구도 피해의식을 갖거나 주는 것이 아니라 대등한 입장에서 서로 나누는 것입니다. 내 느낌과 생각, 입장을 제쳐두고 상대에게 맞춰주는 것은 결코 공감이 아닙니다. 남의 문제를 내 문제처럼 걱정하면서 밤잠을 이루지 못하거나, 상대방이 언짢아할까 봐 무조건 맞춰주거나, 정확히 의사를 전달하지도 않았으면서 내 맘 하나 몰라준다고 섭섭해하는 것은 '융합fusion'에 가깝습니다. 융합이란 한마디로 자신의 결핍 때문에 타인을 찾는 것이지요. 홀로 서지 못해서 타인에게, 또는 타인의 문제에 기생하려는 것입니다.

사람 좋아하고 언제나 누군가를 도와 이타심이 많아 보이는 사람들에게서 뜻밖에도 이런 그림자가 발견되는 경우가 많습니다. 끊임없이 관계를 맺을 대상을 찾아나서지만 얼마 되지 않아 그 사람들과 갈등이 생겨 사이가 틀어지는 일이 되풀이된다든가, 심지어 관계에 대한 '피해의식'에 사로잡혀 있다면, 자신도 모르는 사이에 융합을 거듭하고 있다는 뜻입니다.

내 마음의 부족 때문에 타인을 움켜쥐는 융합으로는 건강한 관계를 맺기가 어렵습니다. 건전한 공감이란 각자 자기 자신에게 확고히 뿌리를 내린 상태에서 타인과 유연하게 교류하는 것입니다. 융합은 '나'라는 토양에 뿌리내리지 못하고 떠돌면서 무분별하게 타인에게 의존하려는 것이지요. 이런 일은 왜 일어나는 것일까요? 융합은 대개 어린 시절 부모와의 관계에서 비롯됩니다.

## 융합은 언제, 왜 일어날까?

많은 부부가 서로 상대를 선택해서 결혼을 하지만, 부부관계를 항상 만족스럽게 유지하기란 쉽지 않습니다. 한국에서는 해마다 60만 명이 결혼하고, 20만 명이 이혼한다고 하지요.[2] 결혼생활을 하다 보면 미처 생각지 못했던 문제와 맞닥뜨리기도 하고, 배우자는 물론 자기 자신에게서도 새롭고 낯선 모습을 발견하곤 합니다.

심리학에서는 성인이 되었다고 해서 성장과 발달이 끝난 것이 아니라, 인간이라면 누구나 죽을 때까지 계속 변화하고 성장한다고 봅니다. 하버드대학교의 심리학자 리아 소머빌Leah Somerville은 인간의 뇌는 끊임없이 변화하며, 서른 살이 될 때까지도 일부 뇌 영역은 덜 성숙해진 채로 남아 있기 때문에 과연 언제부터 법적으로 '성인'이라고 할 수 있는지 재고해야 한다고 제언하기도 했습니다.[3] 성인이라고 해서 완전히 성장한 것이 아니듯, 부부관계도 결혼을 했다고 해서 완성된 것이 아닙니다. 두 사람의 노력 여하에 따라 결혼생활 역시 계속 성장하고 변화해나가죠. 그래서 부부관계는 작은 노력들이 쌓이면서 점점 더 좋은 방향으로 발전하기도 하고, 상대방에 대한 실망과 포기가 반복되면서 걷잡을 수 없이 나빠지기도 합니다.

부부 사이가 아주 좋고 예비 부모가 아이를 건강하게 키울 준비가 됐을 때 아이가 태어나면 얼마나 좋겠습니까. 하지만 불행히도 현실은 그렇지 못합니다. 부모 될 준비라는 게 사실 따로 있는 것이 아닙니다. 부부가 서로 믿고 존중하고 아끼며 전반적으로 동등하고 유연하게 역할과 권리를 나눠 가질 수 있으면 부모가 될 준비를 갖춘 것이죠. 뒤집어 말하면 '부모'가 아니라 '부부'가 먼저입니다. 좋은 부부가 되어야 좋은 부모도 될 수 있죠. 신뢰와 공평성은 물론이고, 부부가 서로를 대하는 태도, 대화의 내용을 포함한 전반적 부부관계가 아이의 양육에 상당한 영향을 끼치기 때문입니다. 불행히도 이 땅의 많은 부모가 부부관계가 불편하고 복잡할수록 부부 문제를 제쳐두고 아이만 잘 키우겠다고 마음먹습니다. 그래서 좋은 부모가 되려고 지나치게 노력하는 사람들이 결과적으로 자녀를 포함한 가족 구성원 모두를 힘들게 하는 경우도 종종 있습니다.

부부 사이에 거리감이 있거나 안정되지 못한 부부관계 때문에 자녀에게 집착하는 부모는 건전한 양육을 하기 어렵습니다. 부모가 아이에게 건강한 애착과 정서적 친밀감을 주지 못하고 오히려 자녀에게서 사랑받고 위로받으려고 할 때, 부모는 자기도 모르게 융합을 유도하게 됩니다. 아직 독립적으로 생존이 불가능한 어린아이는 부모의 요구에 대부분 응할 수밖에 없지요. 그래서 어렸을 때부터 어머니나 아버지에게 감정적 전염을 지나치게 많이 받은 아이는 건강하게 발달하기 힘들 수 있습니다. 점차 자율적 판단을 잃어버리고, 자신의 생각과 감정을 어머니 또는 아버지의 것과 분리하지 못하는 융합으로 나아가게 됩니다. 정상적인 부모의 역할은 아이의 그릇된 행동을 지적하고 가르쳐줌으로써 성장 단계에 따라 자연스럽게 독립적·자율적으로 살아가도록 독려하는 것입니다. 하지만 융합을 유도하는 부모는 무의식중에 자녀가 자신의 편으로 자기 옆에 남아주길 원합니다.

이렇게 융합된 아이는 장차 성인이 되어 여러 가지 부정적인 심리적 증상을 경험할 가능성이 높습니다. 우선, 자율성을 기반으로 서로 의지하는 친밀한 대인관계를 잘 맺지 못합니다. 정서조절이 잘 안 되어 걸핏하면 감정이 폭발하거나 시도 때도 없이 불안이나 우울을 겪기도 하고, 늘 마음속이 텅 빈 듯 뿌리를 잃은 채 떠도는 느낌을 경험하기도 합니다. 조금 뒤에 살펴보겠지만 부모화, 삼각관계 등으로 융합된 환경에서 자라난 아이라면 성인이 되어서도 타인과 융합을 일으키기 쉽습니다. 그래서 대등한 관계를 맺기보다는, 조금 문제가 있거나 도움이 필요한 상대만 만나 한쪽이 한쪽을 일방적으로 보살피고 베푸는 관계를 습관적으로 맺습니다. 일종의 '패턴'이 생기는 것이죠. 내가 뭔가를 항상 줄 수 있고, 뭔가를 주고 있기 때문에 관계가 유지된다고 생각하는 편이 나에게 통제권이 있어서 덜 불안하기 때문입니다. 이처럼 어린 시절의 영향으로 자기분화differentiation of self가 잘 안 된 경우에 어떤 문제들이 일어날 수 있을까요?

## '노'라고 말하지 못하는 사람들

사십대 중반의 주부 K씨는 친구들이 모두 자기를 떠날까 봐 걱정입니다. 그녀는 누군가에게 부탁을 받으면 거절을 잘 못하는 성격이었지요. 고통받는 사람을 발견하면 그냥 지나치지 못했습니다. 주변으로부턴 늘 '사람 참 좋다' '그렇게 착한 사람이 없다' 소리를 들었지만 정작 그녀의 고민은 '외롭다'는 것이었습니다. 사람들이 필요할 때에만 자기한테 연락을 한다는 겁니다. 친구에게서 연락이 오면 자신의 일은 일단 제쳐두고 친구의 상황에 맞추려고 하고, 무리해서라도 돈을 꾸어주고 곤란한 일도 나서서 대신 해결해주곤 했지요. 하지만 이상하게 도움을 받고 나면 그들은 연락도 없이 차갑게 돌아섰다고 합니다. 날이 갈수록 상대방에게 섭섭함과 피해의식이 쌓이는데 차마 말은 못하고 속만 태우다가 친구와 관계를 끊는 일이 되풀이되었습니다. 연락하는 사람은 많은데 속마음을 털어놓을 친구는 없었습니다. 그래서 K씨는 이런 자신의 성격을 바꿔서라도 다시는 이런 일을 겪고 싶지 않다고 했습니다.

여러분은 혹시 이와 비슷한 경험을 한 적이 있나요?

- 누군가가 면전에서 부탁을 해오면 거절하기 힘들다.
- 친구가 무엇인가 같이 하자는 제안을 해오면 내 상황을 살피기보다는 주로 친구에게 맞춰주는 편이다.
- 친한 사람에게 고민거리가 생기면 꼭 내 문제처럼 생각되어 같이 해결하려 한다.
- 가족이나 친구, 연인과 싸우거나 갈등하는 것이 너무 싫다. 웬만하면 내가 참고 맞춘다.
- 내 감정이나 생각을 얘기했다가 관계가 불편해지느니 관계를 유지하

기 위해 말하지 않는 쪽을 택한다.

- 다른 사람에게 도와달라고 하느니 차라리 혼자 일하는 것이 낫다.


위의 여섯 개 항목 중 자신에게 해당되는 것이 몇 개인가요? 세 개 이상이라고 답했다면 '자기분화' 과제를 아직 마무리하지 못했다고 볼 수 있습니다. 하지만 크게 걱정할 일은 아닙니다. 앞에서 '뇌'가 계속 발달하고 성장한다고 말했듯, 우리도 각자 원하는 방향으로 끊임없이 성장할 수 있는 존재이기 때문입니다. '자기분화'가 잘 안 되었다면 그 원인과 맥락을 정확히 알고, 이 책에서 소개하는 마음도구들을 통해 분화 수준을 조금 높이면 됩니다.

'자기분화'란 한마디로 자율성을 갖고 있으면서도 나에게 중요한 타인과 친밀감을 나눌 수 있는가 하는 것입니다. 나를 희생하거나 포기하지 않으면서 다른 사람과 관계를 맺을 수 있는 능력이자, 내 입장과 다른 사람의 입장은 다르며 다른 사람의 생각과 감정이 내 것과 다를 수 있다는 것을 충분히 받아들일 수 있을 정도로 잘 분리되었는지 여부를 뜻합니다. 가족이나 친구, 연인과의 관계에서 가장 중요한 개념이지만, 직장이나 일반적인 대인관계에도 영향을 끼칩니다. 자기분화는 우리가 2장에서 다룰 '애착'과 큰 관련이 있습니다만, 여기서는 '융합'과 관련이 높은 몇 가지 개념에 대해 좀 더 알아보겠습니다.

## 부모화가 '온전한 내가 되기'를 가로막는다

대개 부모는 아이를 잘 돌보려고 애를 쓰지요. 하지만 몇 가지 현실적인 이유로 부모는 부모 역할을, 아이는 아이 역할을 제대로 못 할 때가 있습니다. 우선 부모 중 한 사람이 병환으로 항상 누워 있었거나 정신적인 문제가 있어서 아이가 부모를 믿고 충분히 의지할 수 없는 경우가 있습니다. 아이가 부모 중 한 사람하고만 사는데, 생활이 힘들어서 아이가 오히려 양육자를 위로하고 도와야 하는 경우도 있습니다. 또 다른 예로 형제들 중 한 명이 만성질환을 앓아서 부모의 신경이 온통 아픈 아이에게 쏠리는 바람에 다른 아이가 관심을 제대로 못 받은 경우도 있습니다.

어린 시절부터 본의 아니게 부모를 돌봐야 했거나 집안 문제에 대한 고민을 떠안는 등 제 나이에 걸맞지 않은 짐을 지게 되어 너무 빨리 조숙해져버리는 경우가 있지요. 겉으로는 '조숙'해 보이지만 정상적인 발달과정을 건너뛴 셈이니까 진정으로 성숙했다고 보기는 어렵습니다. 이처럼 아이가 자기 스스로 모든 것을 알아서 하거나 형제, 심지어는 부모를 돌보는 역할을 맡게 되어 제 나이에 맞지 않게 어른처럼 되어버리는 현상을 '부모화parentification'라고 합니다. 이는 꼭 심각한 문제가 있는 가정에서만 일어나는 일은 아닙니다. 대한민국에서 성장한 우리 세대의 대다수 '장남' 또는 '장녀'들에게서 흔하게 보이는 현상이기도 합니다.

물론 부모를 대신해서 밥하고 청소하고 동생들 숙제를 봐주는 등의 행위를 했다고 해서 다 부모화가 일어나는 것은 아닙니다. 그런 상황에서도 부모가 아이와 정서적으로 연결되어 있으면서 형편이 될 때마다 아이의 요구에 귀 기울여주고 적절하게 반응해준다면, 아이는 충분히 건강하게 발달할 수 있습니다. 문제가 되는 것은 아이에게 '심리적' 돌봄이 없는 상태입니다. 아이가 발달 단계마다 느낄 수 있는 감정이나 생각을 고려하지 않은 상태에서 버거운 의무들만 요구한다면, 아이의 마음에 안정감이 생기기는 쉽지 않을 것입니다.

심지어 부모가 아이를 꼼꼼하게 챙겨주고 경제적으로 무엇 하나 아쉬울 것 없이 넉넉하게 키운 경우에도, 아이가 마음을 있는 그대로 부모에게 드러낼 수 없는 환경이라면 심리적으로는 부모가 없는 것이나 다를 바 없습니다. 경제적으로 부족한 것은 절대적 빈곤이 아닌 이상 성장해가면서 잊힐 수 있지만, '정서적 친밀감'이나 '심리적 연결감', 또는 애착을 경험하지 못한 것은 오래도록 흔적을 남깁니다.

부모화를 겪은 아이는 부모나 가족을 돌보기 때문에 겉으로는 그들과 친밀하고 가까운 사이처럼 보일 수 있지만, 내면은 그렇지 않은 경우가 많습니다. 오히려 자기 자신의 진짜 모습을 보였을 때에도 사랑받을 수 있을지 의문을 품은 채 성장할 수 있다는 것이 '부모화'를 겪는 사람들의 아픔입니다.

부모화는 내 입장과 마음을 타인의 것과 분리시키는 '자기분화'를 가로막고 융합을 일으키는 여러 요인 가운데 하나입니다. 또다른 요인으로 '출생 순서'를 꼽을 수 있습니다.

## 출생 순서가 성격을 만든다?

출생 순서를 최초로 연구한 정신의학자는 알프레트 아들러Alfred Adler라고 알려져 있습니다. 아들러의 평생 연구 주제는 '열등감'과 '출생 순서'였죠. 그도 그럴 것이 그의 어머니는 공부도 잘하고 잘생긴 형 지그문트 아들러에게는 전폭적으로 사랑을 표현했지만, 허약하고 못생긴 자신에게는 단 한 번도 따뜻한 관심을 보여주지 않았기 때문입니다. 아들러는 이렇게 말한 바 있습니다.[4]

> 상담을 의뢰하는 사람에게 내가 가장 먼저 하는 질문은 이것이다.
> "집에서 몇째 아이입니까? 첫째인가요? 둘째 또는 셋째입니까?"
> 맏이로 태어난 사람 중에 경쟁을 좋아하는 사람은 거의 없다. 전폭적인 사랑을 주던 부모가 새로 태어난 둘째를 향해 웃음 짓는 순간, 첫째는 겁을 먹고 경쟁에서 물러난다. 경쟁을 포기하는 것이다. 한편 둘째는 태어나면서부터 이미 자신보다 앞서 달리고 있는 첫째를 인식한다. 그들에게 삶은 늘 앞선 주자를 염두에 두고 달리는 경주와도 같다. 따라

서 경쟁은 당연하며 어디에나 있다고 생각해 거부감을 느끼지 않는다. 이런 이유로 경쟁을 즐기고 기존의 권위에 도전하려는 사람 중에는 둘째가 많다. 한편 셋째는 완전히 다른 길을 택한다. 첫째와 둘째의 경주를 보면서 자신은 아예 경쟁이 필요 없는 다른 영역에 자리잡는다.

여기에 동의하십니까? 모든 형제관계를 출생 순서로 설명하는 것은 비약이겠지요. 아들러의 출생 순서 이론을 지지하는 학자도 있고 수많은 사람이 경험을 통해 연관성이 있다고 공감하지만, 최근의 근거 중심evidence-based 심리학에서는 명확한 근거나 설명력이 없다고 보기도 합니다. 하지만 나 역시 상담을 하면서 만나는 많은 사람에게서 출생 순서의 영향을 발견합니다. 이론대로라면, 부부관계가 불안할 경우에는 첫째들이 가장 먼저 둘 사이를 완충해주는 '범퍼' 역할을 자처합니다. 그래서 첫째들 중에 순종적이고 모범적이며 참을성 많고 성실한 사람이 상대적으로 많습니다. 웬만하면 부모 문제를 덜어주는 역할을 하지, 자기까지 문제를 일으키려 하지 않습니다. 의식적으로든 무의식적으로든 말이지요. 자기분화가 어려워지는 것입니다. 하지만 부모의 불안이 오히려 자신의 불안을 높여, 일탈을 일삼는 '문제아' 역할을 첫째가 맡는 경우도 있습니다. 그런 경우에는 둘째들이 대체로 '모범생' 역할을 맡게 됩니다. 첫째가 문제를 일으킬수록 둘째는 더 부모를 안심시키려고 노력하지요. 이런 관점에서 보면, '착한 아이' '못된 아이' 또는 '어른스러운 아이' '응석꾸러기'가 따로 있는 것이 아니라 가족이라는 역학관계 안에서 그러한 역할이 주어지는 것일지도 모릅니다. '첫째라면 다들 이러이러하지' 하는 식으로 고정된 것이 아니라, 다른 배역을 어떤 사람이 맡느냐, 외부 환경이 어떠한가에 따라 캐릭터가 설정되는 다이내믹한 역학관계지요.

실제로 진화생물학자 프랭크 설로웨이Frank Sulloway는 출생 순서를 가지고 가족 역학을 설명했습니다. 그는 "동일한 자원을 놓고 둘 이상의 종이 다툼을 벌일 경우, 시간이 흐르면 점차 분화가 이루어져 자기만의 생태적 지위를 점유해간다"는 찰스 다윈Charles Darwin의 분화 원리를 가족 구도에 접목해 설명했지요. 100명이 넘는 사람들의 전기를 분석해 출생 순서가 끼치는 영향에 대해 설명했던 설로웨이는 저서 《타고난 반항아Born to Rebel》에서 "성격이란 형제들이 서로 경쟁하면서 자신의 위치를 찾고 생존하기 위해 사용했던 전략 목록과 다름없다"라고 주장했습니다.

아이들은 부모에게서 받는 관심과 사랑을 다른 형제들과 끊임없이 비교하고 차이에 아주 민감하게 반응합니다. 이처럼 형제 간의 갈등은 피할 수 없는 경쟁의 산물이기도 하지만, '삼각관계 triangulation'를 만드는 요인이기도 합니다. 부모와 특별한 관계를 맺음으로써 경쟁에서 우월한 지위를 점하려는 것이지요. '삼각관계'라니, 뜻밖의 표현이라고 생각하시나요? 가정에서는 대체 어떤 삼각관계가 벌어지는 걸까요?

# 가정에서의 삼각관계가 더 위험하다

삼각관계라고 하면 우리는 흔히 외도를 떠올리지요. 하지만 그보다 더 자주, 흔히 벌어지는 삼각관계는 가정에서 일어납니다. 2017년 인기 있던 가족드라마 〈아버지가 이상해〉에서 갓 결혼한 여주인공 변혜영(이유리 분)은 이렇게 외쳤습니다.

"선배는 나와 어머니 사이에서 삼각관계를 만들었어. 알아? 고부 갈등은 바로 이 삼각관계에서 시작된다고!"

상대는 자기 어머니와 아내 사이에서 정서적으로 중심을 잡지 못하고 안절부절못하다가 결국 부부관계에 타격을 입힌 남편 차정환(류수영 분)입니다. 아내의 말에 반박도 못하고 쩔쩔매죠. 드라마를 보던 나는 '그래, 그거야!' 하고 시원해하면서, 이 책에서 얘기하는 '삼각관계'가 마치 나도 모르게 옷에 밴 냄새처럼 우리 일상에 스며들어 있음을 새삼 실감했습니다. TV는 이런 관계들을 조금 극단적으로 보여주는 대표적인 전시장이죠.

흔히 부부관계가 친밀하지 못하고 불안이 높으면 서로 직접 대화하지 않고 누군가를 통해 의사소통을 시도하게 되면서 정서적 삼각관계가 생겨납니다. 배우자에 대한 불안이 심해져 다른 사람과 정서적으로 가까워지려고 하거나, 상대방의 압력 때문에 정서적으로 거리를 두면서 생기는 것이 삼각관계입니다. 가정에서는 대개 삼각관계의 존재를 염두에 두지 않다 보니 그 폐해를 알아차리지 못해 더 위험할 수 있어요. 예를 들어 남편과 사이가 좋지 않아 속상하고 섭섭한 아내는 자녀들 중 자신의 마음을 가장 잘 알아주는 자녀에게 관심을 집중하지요. 보통 장녀나 장남, 또는 자신을 가장 많이 닮은 아이가 이런 삼각관계에 자주 동원됩니다. 어머니는 주로 특정 자녀와 모든 얘기를 나누고 그 관계에 집중함으로써 남편을 향한 불만과 불안을 회피하려고 하지요. 그로 인해 일시적으로 어머니의 불안은 줄어들지만, 장기적으로는 가족 전체에 좋지 않은 영향을 끼칩니다. 결과적으로 부부관계는 점점 더 소원해지고 아버지는 밖으로 돌 수 있습니다. 더 심각한 문제는 삼각관계

에 걸려든 자녀가 부부관계의 영향을 고스란히 떠안는다는 것입니다.

부부 문제 외에도 경제적 어려움 등 성인으로서 책임지고 해결해야 할 과제를 어린 아들이나 딸에게 털어놓는 어머니가 많습니다. 물론 어머니만 삼각관계를 일으키는 것은 아닙니다. 경우에 따라 아버지도 특정 자녀와 삼각관계를 형성해 어머니와의 불편한 관계를 누그러뜨리려고 할 수 있습니다. 앞서 보았듯 자녀는 형제자매와 부모의 관심을 두고 경쟁하기 때문에, 이런 관계에 쉽게 걸려듭니다. 부부가 그 어떤 관계보다 가장 가까워야 하고 배우자에게 할 얘기는 상대방에게 직접 해야 하는데, 이 사이에 자녀가 끼어드는 것이 삼각관계입니다. 이러면 아이는 건강한 발달과 자기 분화가 이루어지기 어려워집니다.

아이는 발달 단계에 따라 경험하고 배워야 할 것들이 있는데, 가족 내의 삼각관계에 걸려들어 어머니나 아버지와 밀착되다 보면 나이에 걸맞지 않게 성인의 문제들을 고민하게 됩니다. 이러면 아이는 자기의 생애주기에 걸맞은 문제들을 겪을 기회를 놓칩니다. 부모 중 한쪽을 위로하기 위해 다른 한쪽의 흉을 보면서 다른 형제자매들을 돌보는 역할을 맡거나, 자신의 감정이나 생각을 제쳐두고 부모의 마음과 정신 상태에 유독 예민해지기도 합니다. 불필요한 역할을 떠맡느라 또래 아이들처럼 성장할 기회를 빼앗기는 것이죠.

앞에서 우리는 '융합'이라는 개념을 살펴봤습니다. 감정적 전염이 잘 일어나거나 타인과의 적절한 거리를 조절하지 못하는 어려움이 어디서 오는지 이해하기 위해서였습니다. 융합은 자기분화가 잘 이루어지지 않은 한 측면을 말하고, 거기에 영향을 끼치는 것들이 지금까지 얘기한 부모화·출생 순서·삼각관계 등입니다. 그러면 이제 본격적으로 나는 얼마나 분화가 잘되었는지 한번 알아볼까요?

## 나는 얼마나 '독립적이면서 친화적'인가?

'자기분화'란 본래 가족치료 family therapy 분야의 대표적 이론가 머리 보언Murray Bowen 박사가 처음 쓴 용어로, 세대를 넘어 주고받는 다양한 심리적 과정을 포함하는 개념입니다. '분화'란 가족 간의 상호작용에 정서적으로 말려들지 않고, 독자적으로 기능하면서도 동시에 가족 구성원들과 친밀하고 가깝게 지낼 수 있는 능력을 말하지요. 독립적이고 자율적이면서도 가족들과 친하게 지내는 능력이라고 할까요? 가족과의 관계에서 형성된 한 사람의 분화 수준은 그 사람의 정서적 반응성과 정서적 거리, 관계에서의 자율성, 정서적 단절이라는 네 가지 요소에 대해 말해주는데요,[5] 다음의 질문을 통해 내 분화 수준이 어떤지 간단히 알아볼 수 있습니다.[6]

| 1 | 친하게 지내던 사람이라도 실망스러운 행동을 하면 나는 한동안 그 사람과 연락하지 않는다. | 예 | 아니요 |
|---|---|---|---|
| 2 | 욱해서 내뱉은 말이나 행동 때문에 곤란에 처할 때가 있다. | 예 | 아니요 |
| 3 | 사람들이 내게 지적을 하거나 비판하는 것에 굉장히 예민하다. | 예 | 아니요 |

1번부터 3번까지 '예'는 총 몇 개인가요? _____ 개

| 4 | 누군가를 만족시키기 위해 하고 싶지 않은 일을 할 때가 종종 있다. | 예 | 아니요 |
|---|---|---|---|
| 5 | 누군가와 언쟁을 하고 나면 한자리에 있는 것이 매우 불편해진다. | 예 | 아니요 |
| 6 | 모두가 동의하는 경우 내 마음은 그렇지 않더라도 따를 때가 많다. | 예 | 아니요 |

4부터 6번까지 '예'는 총 몇 개인가요? _____ 개

| 7 | 누군가와 마찰이 있을 때 그것을 빨리 해결하지 못하면 불안해진다. | 예 | 아니요 |
|---|---|---|---|
| 8 | 부모의 기대에 맞추어 살려고 노력한다. | 예 | 아니요 |
| 9 | 부모나 자식과 갈등하거나 싸우는 것은 너무나 끔찍한 일이다. | 예 | 아니요 |

7부터 9번까지 '예'는 총 몇 개인가요? _____ 개

| 10 | 나는 가족들에게 감정 표현을 거의 하지 않는다. | 예 | 아니요 |
|---|---|---|---|
| 11 | 사람들이 내게 너무 가까이 다가오면 거리를 두려고 하는 편이다. | 예 | 아니요 |

| 12 | 파트너가 나한테 너무 많이 바라는 것 같다. | 예 | 아니요 |

| 10번부터 12번까지 '예'는 총 몇 개인가요? | _____ 개 |

1~3번 문항에서 2개 이상에 '예'라고 응답했다면 정서적 반응성emotional reactivity이 비교적 높다는 뜻입니다. '정서적 반응성'이란 정서적 충동에 따라 반응하는 정도를 말합니다. 정서적 반응성이 높은 사람은 주변 사람이나 특정 사건에 충동적으로 반응하기 쉽습니다. 정서적 반응성이 낮은 사람은 스트레스 상황에서도 차분히 대응할 가능성이 높습니다.

4~6번 문항에서 2개 이상에 '예'라고 응답했다면 '나의 입장I-position'을 포기하거나 양보할 때가 많아 타인과 적정한 거리를 유지하기 어렵다는 뜻입니다. 내 입장을 타인과 분리해서 보기가 힘들기 때문에 정서적 거리를 유지하지 못하고, 이로 인해 대인관계에서 어려움을 많이 겪을 수 있습니다.

7~9번 문항에서 2개 이상에 '예'라고 응답했다면 타인과 융합을 경험할 가능성이 높습니다. '타인과의 융합fusion with others'은 타인과 나 사이에 서로의 자율성을 존중하는 건전한 경계가 없이 한 덩어리로 융합되거나 상대에게 말려드는 것을 말합니다.

10~12번 문항에서 2개 이상에 '예'라고 응답했다면 정서적 단절emotional cutoff을 경험했거나 경험하고 있을 가능성이 높습니다.

가족을 아예 안 보고 살거나, 어쩔 수 없이 보더라도 감정을 완전히 차단하고 형식적으로 대하는 경우가 있지요? 친밀한 관계를 맺기 어려워하는 사람도 있습니다. 그러한 경우를 가리켜 '정서적 단절'이라고 합니다.

## 너무 의존적이거나 너무 독립적이거나

가족에게 문제가 생기면 대개 부부 중 어느 한쪽이나 자녀들을 탓하게 됩니다. 왜 남편은 아내나 아이들에게 더 다가가지 못하고 밖으로 겉돌까? 왜 아내는 자신의 삶을 제쳐두고 아이들에게 지나치게 몰두할까? 아이들은 도대체 뭐가 문제라서 이렇게 제멋대로이고 생각이 없을까? 등으로 말이지요.

하지만 보언 박사는 여러 가지 가족의 문제가 부부와 자녀들 간의 일만은 아니라고 봤습니다. 그는 부부가 자라난 가정환경, 그러니까 부부가 결혼하기 전 각자의 부모와 살 때의 가족관계 또는 가족체계가 어떠했는지에 관심이 있었습니다. 조현병 환자들에게 특히 주목했던 보언 박사는 이 증상을 가진 환자만이 아니라 그 어머니도 정서적으로 유별나게 민감하다는 사실을 발견했지요. 미국 국립정신건강연구소에서 근무하던 시절, 조현병 증상을 보이던 환자와 가족도 함께 입원시켜 관찰했는데 환자와 어머니의 정서적 관계는 가족 전체와 관련이 있었습니다.[7] 한마디로 '불안애착', 다시 말해 불안 때문에 서로 더 밀착된 관계가 병과 관련이 깊다는 것이었습니다. 이렇게 정서적으로 서로 밀착 또는 융합되어 있는 경우, 가족 구성원들의 개인적 자율성이 매우 부족한 것으로 나타났습니다. 이후 환자가 아닌 일반인 가족들을 대상으로 연구를 확장한 보언 박사는 이 가족들에게도 똑같은 메커니즘이 작동하고 있다는 것을 발견했습니다. 이러한 관찰을 토대로 보언 박사는 정상적인 가족과 병리적인 가족이 따로 있는 것이 아니라, 모든 가족이 정서적 융합에서 분화에 이르는 연속선 위의 한 지점에 놓여 있다고 결론 내렸지요.

자기분화 이론에 따르면, 타인과 융합되지 않고 분리되는 것에는 관계적인 측면도 있지만 심리 내적인 측면도 있습니다. 자기분화가 잘되어 있다는 것은 타인에게서 잘 분리되어 자율성을 갖고 있다는 뜻인 동시에, 자신의 마음속에서 올라오는 것이든 밖에서 밀려오는 것이든 정서적 압력에 자동적으로 반응하지 않고 숙고할 수 있다는 뜻입니다.[8]

자기분화가 잘된 사람은 정서에 충동적으로 반응하지 않고 사고와 감정이 균형을 이루기 때문에 자제력과 자율성이 높은 편입니다. 반면 자기분화가 덜 된 사람은 누군가를 맹종하거나 정반대로 반항하고 저항하면서 관계를 회피적으로 유지할 가능성이 높지요.

보언 박사는 가족 구성원이 지나치게 정서적으로 반응하고 융합되는 것은 애초에 잘 분화되지 못한 부모가 가족을 형성했기 때문이라고 봤습니다. 또한 이러한 문제들은 대물림될 수 있다고 했지요. 한편 융합됐다고 해서 지나친 결합만 보이는 것은 아닙니다. 융합이 심할수록 단절하려는 경향도 높아집니다. 적절한 거리를 두고 관계 맺기가 너무 어렵다 보니 연락을 두절하기도 하고, 같이 있다고 해도 대화를 기피하거나 일부러 자신을 고립시킴으로써 거리를 확보하기도 합니다. 이는 건강한 독립과는 전혀 달라서, 겉으로 볼 때에는 떨어져 있는 걸로 보이지만 정신적으로는 지속적인 영향을 받습니다. 결혼하고 나서 부부 중 어느 한쪽이 자신의 부모와 너무 가까이 밀착되어 있어도 문제가 발생하지만, 연락을 전혀 하지 않는다고 해서 괜찮은 것도 아닙니다. 만날 때마다 사고가 터지기 때문에 만나지 않는 것이 정서적 단절이기 때문입니다.

이처럼 성인들의 대인관계 상호작용에서 '분화'는 상대와 친밀함을 가지면서도 동시에 자율성을 유지하는 능력을 가리킵니다. 분화가 잘 안 되고 자주 융합되는 사람들은 정서적으로 더 취약하고 과잉반응을 합니다. 반면 분화가 잘된 사람들은 정서적인 기복이 덜하며 대인관계에서 더 이성적으로 대처할 수 있지요. 따라서 이러한 자기분화 정도는 부부관계나 결혼 만족도에도 많은 영향을 끼칩니다.[9] 각자가 잘 분화되어 있어 자신의 생각과 감정을 존중받고, 관계에 대한 불안 수준이 낮고, 부부가 모두 자신이 자란 가족 구성원들과 좋은 관계를 맺고 있으면 가장 건강한 가족이라고 할 수 있습니다.

자기분화는 일반적인 대인관계나 직장생활에도 영향을 주지요. 그렇다면 자기분화가 잘 안 된 사람은 직장에서 어떤 어려움을 겪을 수 있을까요?

## 잘 분화된 사람이 직장에서도 행복하다

분화는 사람들이 삶의 스트레스에 어떻게 대처하는지도 설명해줍니다. 한마디로, 잘 분화된 사람일수록 일반적인 스트레스에 잘 대처하며, 심리적 증상이나 신체적 문제도 덜 경험합니다. 덜 분화된 사람은 감정적으로 행동할 가능성이 더 높고 일상의 스트레스에 합리적이고 이성적으로 대처하기 어려울 수 있습니다. 미주리대학교의 낸시 머독Nancy Murdock과 서던일리노이대학교의 폴 고어Paul Gore는 직장인을 대상으로 한 연구에서 앞서 말한 보언 박사의 가정 내 자기분화 이론을 직장생활에 적용해 검증했습니다. 그 결과, 분화가 잘된 사람은 직장에서 일어나는 문제에 효과적으로 대처하는 것으로 나타났습니다.[10] 많은 직업 중 특히 다른 사람을 돌보거나 지원하는 성격의 일을 하는 교사나 간호사, 항공기 승무원, 사회복지사, 성직자를 대상으로 진행한 연구들에서 이러한 결과들이 일관되게 나왔습니다. 자기분화가 잘 이루어지지 않으면 관계나 일에 융합되어 자신의 직무나 역할에 부담을 더 많이 느끼고, 이로 인해 직무소진burnout, 이른바 '번아웃 신드롬'을 경험할 가능성이 높아집니다.[11]

회사에서 책임감을 가지고 적극적이고 주도적으로 일하는 것을 넘어서서 직장과 나를 하나로 여긴다든지, 내 생활과의 경계 없이 일이 전부가 되는 경우 역시 일종의 융합이라고 볼 수 있습니다. 융합에 따른 스트레스가 올라가면서 생기는 대표적인 증상이 바로 '시야가 좁아지는' 것이죠. 그래서 자신이 하는 만큼 인정을 받지 못한다거나, 자신을 몰라준다는 피해의식이 생겨나기도 합니다. '자기분화'는 타인의 입장과 상황을 이해하고 존중하는 만큼 내게 필요한 것을 지키고 요구할 수 있게 합니다. 그런데 이것이 잘 안 되면 내가 과소평가받는다는 느낌이 자기도 모르게 대인관계에도 악영향을 끼쳐서 결국 본인이 감당하지 못하고 회사를 자주 옮긴다든가 하는 일로 이어질 수 있지요.

여러분의 직장생활은 얼마나 건강할까요? 다음 항목을 읽고 52쪽 표에 예, 아니요로 체크해보세요.[12]

| 1 | 일 말고 특별한 취미가 없다. 주로 회사 일에 전념한다. |
|---|---|
| 2 | 인간관계 때문에 직장생활이 힘들다고 종종 느낀다. |
| 3 | 직장에서의 스트레스에 잘 대처하는 편이다. |
| 4 | 회사에서 내가 덜 감정적으로 행동했으면 좋겠다. |
| 5 | 일은 마음에 들지만 직장 동료들이 싫을 때가 자주 있다. |
| 6 | 상사나 동료에게 부정적인 평가를 받으면 매우 섭섭하고 억울한 마음이 든다. |
| 7 | 회사가 나에게 너무 많은 것을 요구한다고 느낄 때가 많다. |
| 8 | 회사에서 동료들과 마찰이 생기면 대처하기가 힘들다. |
| 9 | 불합리하게 맡겨진 일이라도 따지기 싫어서 차라리 하고 만다. |
| 10 | 때때로 회사에서 기분이 너무 나빠져서 직장 동료들에게 마음을 완전히 닫아버릴 때가 있다. |
| 11 | 상사나 동료와의 관계에 스트레스를 많이 받아서 진이 빠질 때가 많다. |
| 12 | 회사에서 만나는 사람들과 대체로 사이가 좋다. |
| 13 | 퇴근한 후에도 회사에서 있었던 일에 대해서 많이 생각하는 편이다. |
| 14 | 다른 사람과 같이 일하는 것보다 혼자 일하는 게 낫다. |
| 15 | 회사에서 완벽주의자라는 말을 자주 듣는다. |

| | | | | |
|---|---|---|---|---|
| 1 | 예 | | | 아니요 |
| 2 | | 예 | | 아니요 |
| 3 | | 아니요 | | 예 |
| 4 | | 예 | | 아니요 |
| 5 | | | 예 | 아니요 |
| 6 | | | 예 | 아니요 |
| 7 | | | 예 | 아니요 |
| 8 | 예 | | | 아니요 |
| 9 | | | 예 | 아니요 |
| 10 | | | 예 | 아니요 |
| 11 | | 예 | | 아니요 |
| 12 | | 아니요 | | 예 |
| 13 | 예 | | | 아니요 |
| 14 | 예 | | | 아니요 |
| 15 | 예 | | | 아니요 |
| | **A** | **B** | **C** | **D** |

15개의 항목에 다 체크했으면 이제 A, B, C 열에 '예' 또는 '아니요'라고 몇 개나 응답했는지 적어주세요. B열에는 '아니요'도 들어 있으니 '예'와 '아니요'를 모두 포함해서 세어주세요. D열은 무시합니다.

A열: _____개    B열: _____개    C열: _____개

A, B, C열에 체크한 개수를 다 적으셨나요? 이제 하나하나 살펴볼까요?

A열은 직장에서 내가 타인 또는 일과 융합할 가능성이 얼마나 높은지 보여줍니다. '예'가 3개 이상 나왔다면, 내 입장과 경계를 지키지 못하고 타인과 융합되거나 말려들 가능성이 높습니다. 내 삶을 팽개치고 일에만 몰두하는 이른바 일중독자가 될 가능성도 있습니다.

B열은 정서적 반응성을 알아보는 항목입니다. 3개 이상 체크되어 있다면 내가 평소 직장에서 스트레스를 많이 받고 있거나, 감정조절을 잘 못하고 충동적으로 행동할 가능성이 높다는 뜻입니다. 감정적으로 압박을 받으면 순간적으로 과격한 언행을 보여 잘 지내던 관계를 한순간에 무너뜨릴 수 있습니다.

C열은 정서적 단절의 가능성을 보여주는 것으로, 3개 이상 해당된다면 내 입장에서 솔직하게 의사소통을 하기 힘들다는 의미입니다. 부정적인 얘기는 되도록이면 하지 않고, 싫은 사람은 피하며, 갈등하기 싫어서 웬만하면 좋게 넘어가려 하기 때문에 타인과 마찰을 빚을 가능성은 적습니다. 하지만 그만큼 내 입장을 지키면서 요구할 것은 요구하고 서로 대등하게 배려하고 존중하는 관계를 맺기가 힘들 수 있다는 점에 유념해야 합니다. 항상 혼자서 많

은 것을 감당해야 한다는 피해의식이 쌓일 가능성도 높아집니다.


## 나를 지키면서 상대를 존중하는
## 건강한 경계가 필요해

대인관계에서든 직장에서든 가족들과의 관계에서든, 내가 분화가 잘 안 된다고 느낀다면 어떻게 해야 할까요? 애착이나 분화는 어린 시절 가족관계에서 형성되어 나의 성격처럼 잘 바뀌지 않기 때문에 단번에 패턴을 바꾸기란 쉽지 않습니다. 하지만 내가 하는 행동들을 명확히 알아차릴 수 있고, 내가 어째서 그런 패턴을 반복하는지 그 이유를 충분히 알 수 있다면 내 행동을 조금씩 바꿀 수 있지요. 나를 지키면서 상대를 존중하는 건강한 관계를 맺기 위해 어떤 것이 필요한지 살펴봅니다.

### 경계 의식하기

자기분화가 잘 안 되는 사람들은 '경계boundary'라는 단어를 새겨둘 필요가 있습니다. 쉽게 말해서 내가 '경계'가 잘 안 세워지고, 나 스스로가 그 경계를 자주 무너뜨리기 때문에 타인과 융합되는 것입니다. 경계란 나를 지키고 상대의 영역을 존중하는 '선'입니다. 타인을 무시하거나 폭력을 가하는 것은 우리가 쉽게 나쁘다고 인식하지만, '선'을 넘어서 지나치게 관여하거나 의존하는 것이 어떤 부작용을 낳는지는 잘 알아차리지 못합니다.

《경계Boundaries》의 저자이자 심리상담가인 앤 캐서린Anne Katherine[13]에 따르면, 경계란 "내 온전함을 지킬 수 있는 한계"입니다. 내 피부가 육체적 울타리로서 내 몸을 세상과 구분지어주듯, 피와 뼈가 우리 뇌를 감싸 보호해주듯, '경계'란 세상으로부터 나를 보호해 '나'로 온전하게 있을 수 있게 해주는 울타리지요. 경계라고 하면 관계를 가장 먼저 떠올리지만 시간과 돈, 건강, 회사에서의 업무, 집안일이나 아이들 문제 등 일상의 거의 모든 영역에서

경계가 필요합니다. 내가 세운 경계는 무언가를 결정하고 행동하는 데 효과적인 기준이 될 수 있습니다.

## 경계 설정하기

우선 시간에 대한 경계 설정이 중요합니다. 시간에 대해 경계를 잘 설정한다는 것은 반드시 해야 할 일은 하면서, 그 밖에 우선순위가 상대적으로 떨어지는 일정들을 균형 있게 잘 조정하는 것입니다. 누군가가 어디에 함께 가자고 요청했을 때, 내 급한 일을 뒤로 미루면서 상대의 요구를 받아들이면 시간에 대한 경계가 없는 것이죠. 이런 일이 반복되면 관계에서의 경계도 무너집니다.

다음으로 관계에서 내 의견과 감정이 얼마나 존중받는지 살펴보세요. 자기 편의에 따라 약속을 자꾸 바꾸는 친구가 있으신가요? 자신의 필요에 따라 거짓말을 서슴지 않고 한다거나, 처음엔 매우 친절하게 다가왔다가 이제 좀 친해졌다 싶으면 마음 내키는 대로 변덕을 부리거나 내게 함부로 대하는 사람이 있나요? 이제 여러분은 그 친구와 더 관계를 발전시켜나갈 것인지 말 것인지 우정의 경계에 대해 생각해볼 필요가 있습니다.

## 경계 지키기 연습

'경계'를 지키는 연습은 내키지 않은 요청이나 제안을 받으면 '아니요'라고 거절하는 것에서 시작됩니다. 거절하고 나서 미안함이나 죄책감을 느끼지 않는 것부터 연습해봐도 좋습니다. 미안함이나 죄책감은 내가 무언가를 잘못했을 때 일어나는 감정이고, 다른 사람에게 피해를 끼쳤거나 상처를 줬다면 그런 감정을 느끼는 게 옳지요. 하지만 무언가를 제안받거나 요청받은 상황에서 내가 거절하는 것은 상처를 주는 게 아닙니다. 피해를 주는 것은 더더욱 아니지요. 지금 내가 그렇게 하기에 적절하지 않은 상황임을 알리는 것에 지나지 않습니다. 그러면 그 사람은 다른 사람을 찾아 제안이나 요청을 할 것입니다. 조금 더 수고롭게 할 뿐입니다. 조금 실망할 수는 있겠지만, 내가 거절했다고 해서 그 사람이 지나치게 화를 내거나 섭섭해한다면 나를 배려하는 사람인지 한번 더 생각해볼 수 있는 기회가 되겠지요?

물론 나 역시 타인의 경계를 지켜주어야 합니다. 타인의 감정과 관계에 대해 이러쿵저러쿵 간섭하면서 침범하지 말아야 합니다. 가족 간에도 마찬가지입니다. 나는 그렇게 느끼지 않지만, 다른 사람은 그렇게 느낄 수 있지요. 연인이나 부부, 가족 관계에서 사랑이라는 이름하에 간섭하고 괴롭히는 일이 얼마나 많이 일어납니까? 가까운 사이일수록 경계를 지켜주어야 합니다. 내 일과 타인의 일, 내 생각과 타인의 생각, 내 감정과 타인의 감정을 분리해서 봐야 합니다.

경계란 나를 지키기 위해 정한 기준이자 한계입니다. 나 자신이 정한 한계에 따라 내 시간과 소중한 사람들, 그 외에 여러 가지 자원을 보호할 수 있습니다. 누군가가 내 경계를 침범하거나, 여러분이 타인에게 자신을 침해하도록 내버려둔다면 내 삶도 보호받을 수 없습니다. 아무리 친한 친구나 가족이라고 하더라도 내 경계를 건드릴 때에는 분명하게 얘기해야 합니다. 때로는 "고맙지만 이것은 내가 알아서 할 문제야" 또는 "그건 좀 곤란한데, 나중에 다시 얘기하자"라고 말할 수 있어야 합니다.

1장에서 우리는 '자기분화'가 얼마나 많은 것에 영향을 주는지 알아보았습니다. 연인과 부부 관계는 물론이고 직장생활, 정신건강과도 관련이 있는 중요한 개념이지요. 2장에서는 '자기분화'와 조금 비슷하지만 좀 더 근원적이라고 할 수 있는 '애착'에 관해 알아보겠습니다. 부모와 안정적인 애착을 형성한 아기들이 오히려 부모와 잠시 떨어져 바깥세상 탐색도 잘하고, 놀이나 학습에 잘 몰입할 수 있다는 얘기는 많이 들어보셨지요? 심리학에서 '애착'이란 본래 영유아기에 부모와의 관계를 설명하는 개념이었지만 이제는 '친밀한 관계'를 뜻하는 넓은 의미로 쓰입니다. 나의 애착의 역사를 바로 보아야 '자기분화'도 온전히 이해할 수 있습니다.

# 2장

# 일과 사람에 둘러싸여도
# 허전한 진짜 이유

## 나를 읽는 마음도구 2. 애착

**상처받지 않아도 불안한 당신에게**

'어른의 애착'이란?

모든 것과 관계를 맺는 방식입니다

엄마와 소통할 수 없는 아이는
자기 자신과도 소통하지 못한다.

_존 볼비

누군가와 좀 가까워지려고 하면 갑자기 부담스러워지는 경우가 있습니다.

'이 사람 왜 이러지? 나한테 뭐 필요한 게 있나?' 혹시 이런 생각을 자주 하

시는 편인가요? 반대로 나와 제일 친하다고 생각한 그가 다른 사람에게 다

정하게 대하는 것을 보면 마음이 불편할 때도 있습니다. 관계는 종종 너무

멀거나 너무 가까워서 문제가 됩니다. 사람과 사람 사이의 적절한 거리는

얼마쯤일까요? 그리고 이것이 왜 중요할까요?

직장을 자주 옮기는 것이 고민인 삼십대 후반의 L씨는 미혼입니다. 2년간 사귀었던 여자친구와 헤어진 지 한 달밖에 안 되었지만, 그것 때문에 힘든 것은 아니라고 했습니다. 연애 경험이 여러 번 있었던 그는 서로 생각이 달라서 헤어지는 것은 별 문제가 아니라고 말했습니다. 그래도 결혼 얘기가 오갔던 사람과 헤어진 일이 아무것도 아닌 것처럼 얘기하는 L씨에게 무언가 석연치 않은 느낌이 들어 몇 가지 질문을 더 해보았습니다. 그는 자신에게 맞지 않거나 자신이 감당할 수 없는 일이라고 생각되면 바로 정리가 되고, 한번 돌아서면 다시는 뒤돌아보지 않는 성격이라고 했습니다. 그래서 직장이나 관계를 "새로 시작하는 것은 별로 어렵지 않은데 오래 유지하기가 어렵다"고 털어놨습니다.

## 돌아보니 남는 게 하나도 없는 듯한 삶

여자친구에게는 본인이 최선을 다했기 때문에 아쉬움이 없지만, 주말에 시간이 남아도는 느낌이 싫어 수영 동호회에 가입하고 영어학원도 등록해 다니고 있다고 했습니다. L씨의 특징은 한 가지 일을 그만두면 재빨리 다른 일을 시작한다는 것이었습니다. 회사를 그만두더라도 새로 일할 곳을 빨리 정해 어디에서든 일을 했습니다. 연인과 헤어지더라도 새로운 동호회에 가입하거나 과거에 했던 취미활동을 다시 하기 때문에 허전할 틈이 없었습니다. 그래서 감정에 빠지거나 우울해질 일은 없었습니다. 늘 이렇게 열심히 무엇인가를 하는 사람을 흔히 부지런하고 적극적이며 열정적이라고 합니다. 우리 문화권에서는 이렇게 열심히 사는 것을 바람직하다고 봅니다. 게다가 심리적으로 어려운 일을 겪었을 때, 주저앉아 울거나 무기력해지기보다는 새로운 활동을 하면서 극복하는 것을 멋있다고 생각합니다.

하지만 L씨에게는 정작 다른 고민이 있었습니다. 직장생활도 열심히 했고 항상 무엇인가를 하면서 바쁘게 살아왔는데, 돌아보니 남는 게 하나도 없는 듯한 기분이 든다는 것이었습니다. 곧 마흔에 접어드는데 내가 지금까지 뭘 하면서 살아왔나 하는 생각이 든다고 했습니다. 지금까지 해본 것은 많지만 내가 무엇을 정말 좋아하는지, 앞으로 무엇에 더 집중하면서 살아야 할지 모르겠다는 것이었습니다. 일은 열심히 하고 있지만 직장생활을 언제까지 할 수 있을지 모르겠고, 결혼도 해야 하는데 마땅한 상대가 없다고 했습니다.

# 늘 바쁘지만 불안한 당신

L씨처럼 하나를 그만두면 다른 하나의 활동으로 바로 대체해버리는 습관이 있는 사람이라면, 그 지점에서 잠깐 멈춰볼 필요가 있습니다. 이때 자기 자신에게 던져야 할 질문은 바로 이것입니다.

'지금 내가 이것을 왜 하려는 거지? 이걸 하지 않으면 무슨 일이 벌어질까?'

특히 감정적으로 흔들리거나 취약해졌을 때, 자기 자신을 있는 그대로 내버려두지 않고 더 많은 일이나 운동, 자기계발 프로그램 등으로 스스로를 몰아대는 것은 대개 무능하다는 느낌, 외롭다는 느낌을 감당하지 못하기 때문입니다. 단기적으로는 이러한 과잉활동이 효과가 있습니다. 주의를 분산해 나 자신이나 내가 처한 상황에 부정적 감정을 느끼지 않아도 되기 때문입니다. 하지만 장기적으로는 잃는 것이 더 많을 수도 있습니다. 내 마음을 덮어두고 활동으로만 시간을 채워나가다 보면, 나중에는 내가 내 마음을 잘 모르면서 몸만 움직이는 꼴이 되고 맙니다. L씨의 경우처럼 항상 무엇인가 열심히 하고는 있는데, 왜 하는지 모르겠고 무엇을 하고 싶은지 모르겠다는 생각이 들기에 이릅니다. 또는 몸과 마음이 많이 지쳐 의욕이 바닥에 떨어지고 나서야 문득 정신 차리고 자신을 돌아보지요. 운동을 지나치게 하다가 몸을 크게 다치고서야 정말 내게 중요한 것이 무엇인지 생각하게 되는 경우도 많습니다.

마치 파랑새를 찾아다니는 사람처럼 무엇 하나에 마음을 두지 못하고 이리저리 돌아다니는 이유는 무엇일까요? 욕심이 많아서일까요? 기대치가 너무 높아서일까요? 나 자신의 마음을 들여다볼 새 없이 무조건 무언가를 열심히 하는 것, 그러다가 섭섭해하고 실망하다가 혼자 마음을 접고 또 다른 대상을 향해 부지런히 달려가는 패턴은 어디에서 비롯될까요?

나는 이런 현대인의 피상적인 부지런함, 또는 불안에 들어 있는 핵심 기제가 '애착'이라고 생각합니다. '애착? 애착이라면 관계를

말하는 거 아냐? 친밀한 관계를 맺을 수 있는가, 아닌가 하는 것 아냐?' 아마 애착에 대해 들어봤어도 이 정도로 이해하는 사람이 많을 겁니다. 하지만 애착은 생각보다 매우 광범위하게 우리 삶에 영향을 끼칩니다. 이러한 이야기를 2장에서 나누어보겠습니다.

1950년대 초반, 하버드대학교에서는 '하버드 스트레스의 이해 연구Harvard Mastery of Stress Study'라는 이름으로 흥미로운 연구가 시작되었습니다.[1] 우선 신체적·정신적으로 건강한 대학생들을 대상으로 부모와의 관계에 대해 설문조사를 했습니다. 부모와의 관계에 대해 친밀하게 느끼는지 아닌지, 좋았다면 얼마나 좋았는지, 따뜻하게 느꼈던 기억은 얼마나 되는지 물었습니다. 그리고 무려 35년이 지나 중년이 된 이들을 연구팀이 다시 만났습니다. 이번에는 종합병원에서 모여 종합검진을 실시했지요. 연구 참여자들을 상대로 한 검진 결과는 놀라웠습니다. 어머니와의 관계가 전반적으로 그리 따뜻하지 않다고 보고했던 사람들 중 91퍼센트가 관상동맥질환, 십이지장궤양, 고혈압, 알코올중독 등 다양한 질병을 앓고 있었습니다. 어머니와의 관계가 대체로 친밀하고 따뜻하다고 했던 사람들 중 45퍼센트만 이러한 질병이 있었던 것에 비하면 놀라운 차이였지요. 물론 아버지와의 관계와도 비슷한 관련성이 있었습니다. 이것은 어린 시절 부모와의 심리적 애착이 중년 이후의 신체건강에 끼치는 영향을 밝힌 최초의 종단 연구였습니다. 이처럼 부모와의 관계에서 경험한 따뜻함의 정도는 삶 전반에 걸쳐 신체적·정신적 건강에 중요한 영향을 끼칩니다. 살면서 겪는 어려움에 대한 대처 능력도 마찬가지입니다. 고난과 고통을 겪고 잘 회복하는 능력은 부모를 비롯한 가까운 애착 대상에게서 얼마나 지지를 받는가와 관련되어 있습니다.

애착이라는 것은 무엇이며, 우리에게 왜 이렇게까지 영향을 끼치는 것일까요?


## 애착이란? '나는 안전하다'는 느낌

애착이론을 만든 정신의학자 존 볼비John Bowlby에 따르면, 애착이란 "시간과 공간을 넘어 한 사람과 다른 한 사람을 연결해주는 깊고 지속적인 정서적 유대bond"[2]입니다. 지금 함께 있지 않아도, 눈에 보이지 않아도 '우리가 서로 연결되어 있다는 믿음'이라고 할 수 있습니다. 애착이론은 본래 부모와 자녀 관계에서 탄생했습니다. 아기의 생존은 상당 부분 부모의 손에 달려 있지요. 그래서 과거에는 아기가 부모를 찾고 매달리는 것이 단지 수유 때문이라고 믿었습니다. 하지만 볼비는 아기들에게 충분히 수유를 하고 돌봐주어도 엄마와 격리되면 상당한 스트레스를 받는다는 사실에 주목했습니다. 또한 부모와 격리되어 시설이나 병원에 장기간 수용된 아이들에게서 여러 가지 문제가 일어나는 것을 보면서, 부모와의 연결감이 꼭 생존이나 신체적 안전만을 위한 것은 아닐지 모른다고 생각했지요.

볼비는 마침내 아기가 울거나 웃으면서 부모에게 신호를 보내고 어떻게든 부모와 가까이 있으려고 하는 애착 행동에 생물학적 기능이 있다는 것을 알아냈습니다. 여러 차례의 실험 연구 끝에 밝혀진 바에 따르면, '애착'은 그 자체로 생존을 위한 본능입니다. 아기는 부모와의 애착을 통해 마음의 안정을 얻습니다. 부모를 안전기지 삼아 바깥세상을 탐색하고, 바깥에서 두려움이나 스트레스를 느끼면 다시 안전기지인 부모에게 돌아와 부모가 달래주기를 기

대합니다. 이때 부모가 적절하게 반응해주면 아이는 진정되고 안정감을 느낍니다. 당장 눈앞에 보이지 않아도, 잠시 떨어져 있어도 항상 부모가 돌아와서 나를 안전하게 안아줄 거라는 믿음이 있을 때 아기는 바깥세상을 탐색하고 학습할 의욕을 얻습니다.

생애 초기에 엄마에게서 받는 관심과 주의가 뇌에 끼치는 영향은 크게 두 가지로 설명할 수 있습니다. 첫째, 스트레스에 대한 뇌의 대항력을 키워줍니다. 여러 뇌 영역에서 스트레스 호르몬의 일종인 코르티솔과 결합할 수용체가 더 많이 만들어져 스트레스와 같은 위협에 완충 기능을 해주는 것이지요. 충분히 좋은 양육은 생후 3개월에서 6개월 된 아기에게서 코르티솔 수준을 낮춰 아기의 탐색적 행동과 사회화, 정서조절을 높이는 것으로 나타났습니다.[3] 둘째, 엄마의 관심과 주의는 아기의 뇌 성장을 촉진할 뿐만 아니라 정서조절과 문제해결을 돕는 신경체계를 발달시킵니다.[4] 따라서 아이가 좋은 양육을 받으면 자신이 사랑받고 온전히 받아들여지며 가치 있는 존재라는 느낌을 받을 뿐만 아니라, 신체 발달이 촉진되고 면역기능도 강화됩니다. 진화적 관점에서 보면, 엄마가 아기를 만져주는 것은 아기의 뇌에 대고 "너는 안전하단다. 오래 살아남을 수 있어"라고 말해주는 것이나 다름없습니다.[5] 이러한 생애 초기의 경험은 생애 전반에 중대한 영향을 끼칩니다.

# 문제가 반복된다면 내 애착유형을 살펴라

존 볼비의 제자이자 동료였던 메리 에인스워스Mary Ainsworth는 '낯선 상황 실험strange situation procedure'이라는 획기적인 관찰법을 통해 애착이론을 입증하는 데 성공했습니다.[6] 실험은 만 1세의 아기와 엄마를 대상으로 이루어졌지요. 에인스워스는 엄마와 아기가 잠시 분리되었다가 다시 만날 때 아기가 어떻게 대처하고 엄마는 어떤 행동을 보이는지 그 관계를 분석해 애착 유형을 세 가지로 분류했습니다. 아기의 애착 유형이 '안정형secure type'인 경우에는 엄마가 눈앞에 보이지 않으면 불안해하다가도 엄마가 돌아오면 얼른 다가가 보살핌과 애정을 요구하고 이를 잘 받아들이면서 다시 즐겁게 놀았습니다. 하지만 '회피형avoidant type'인 경우에는 엄마가 사라져도 그리 불편해 보이지 않았고 엄마가 돌아와도 무시하는 듯했으나, 민감하게 엄마를 주시하면서 놀이를 즐기지 못했습니다. 한편 '양가형ambivalent type' 아이들은 엄마가 없을 때 가장 두려워했고, 엄마가 돌아오자 엄마에게 매달리면서도 밀쳐내는 양가적인 모습을 보였습니다. 이렇게 회피형과 양가형은 '불안정 애착insecure attachment'에 해당합니다.

애착이론에 따르면, 이러한 애착 유형은 초기 아동기에 부모를 비롯한 일차적 애착 대상과의 관계에서 형성되어, 우리가 성인이 되어 맺는 관계들에서도 '내적 작동 모델internal working model'로 기능합니다. 주로 부모(또는 주 양육자)가 나를 대하는 태도, 방식, 느낌 같은 것이 쌓이면서 관계에 대한 모형이 내면에 만들어지는 것이지요. 애착이론에서는 이렇게 만들어진 모형이 일생 동안 거의 변화되지 않는다고 봅니다. 한마디로 말하면 어렸을 때 형성된 관계 맺음의 방식이 새로운 관계를 맺는 데에 평생 영향을 끼친다는 것입니다.

**이때의 관계란 대인관계만을 뜻하는 것이 아니라, 나 자신과 맺는 관계는 물론이고 과제나 해야 할 일 등 거의 모든 대상과 맺는 관계를 뜻합니다.** 예를 들어 내가 원하는 것이 있을 때 적극적으로 알아보고 다가간다거나, 어차피 안 될 거라고 생각해서 회피한다거나, 빙빙 돌려서 소극적으로 의사를 표현하다 보니 종종 오해를 받거나 무시당하는 느낌을 받는 것들에도 애착이 영향을 끼친다는 것입니다. 세상과 관계 맺는 방식에 지대한 영향을 끼친다고 할 수 있지요.

안정형은 자신에게 부족한 것이 있을 때 남에게 도움이나 지원을 스스럼없이 요청할 수 있습니다. 그리고 친밀한 관계를 편안하게 느껴 타인과 관계 맺기를 두려워하지 않습니다. 친구나 가족이 힘든 일을 겪거나 고통스러워할 때 가까이 다가가 공감해줄 수 있으며, 자기 자신에 대해서도 감정을 억압하고 통제하기보다 충분히 자각하고 스스로 수용할 줄 압니다. 그래서 대인관계 문제나 스트레스를 비교적 적게 경험합니다.

반면 양가형은 관계가 늘 불안하기 때문에 항상 옆에 함께 있고 서로 연결되어 있다는 사실을 확인받고 싶어합니다. 그러다 보니 대인관계가 원만하지 않고 고립되어 있는 사람에게만 매력을 느끼거나, 자신이 일방적으로 돌봐야 하는 대상을 선호하기도 합니다.

한편 회피형은 사람들과 늘 일정한 거리를 유지하려 하고 너무 가까워지는 것을 꺼립니다. 양가형의 사람이 선택하는 '대인관계가 원만하지 않고 고립되어 있는 사람'이 회피형에 해당합니다. 이런 유형의 사람들은 결과적으로 자신과 정반대로 소유욕이 강하고 상대를 통제하려는 사람을 만나기도 하지만, 가까운 관계 자체를 맺지 않는 경우도 많지요.

양가형과 회피형처럼 불안정한 애착 유형인 경우, 이러한 관계 패턴이 나에게 그다지 도움이 되지 않을뿐더러 오히려 해가 된다고 하더라도 주로 그런 대상을 찾아다니며 비슷한 유형의 관계 맺음을 반복하기도 합니다. "사람은 혼자 있으면 자신의 바닥이 너무나 명확히 드러나기 때문에 자기 자신으로부터 도망치려고 누구든 만난다"며 인간의 애착 본능을 비웃었던 쇼펜하우어는 아마 회피형에 해당할 것입니다. 그는 평생 술집 종업원이나 가수 등 가볍게 만날 수 있는 이성들과 온갖 염문을 뿌렸지만 결국 진지한 연애도, 결혼도 하지 않았지요. 작가들과 사교생활을 즐기느라 바빴던 어머니, 어머니보다 스무 살이나 많은 사업가 아버지 밑에서 자란 쇼펜하우어는 혼자 외로워하던 아버지가 자살로 생을 마감하자 평

생 어머니를 원망하며 살았습니다. 이런 경험은 그의 여성 혐오로 이어졌지요.[7]

애착은 대인관계에만 영향을 끼치는 것이 아닙니다. 정서조절을 비롯한 여러 가지 정신건강의 문제와 관련이 있습니다. 불안정 애착은 만성 우울이나 불안과도 관계가 깊고, 감정표현을 잘 못하는 감정표현 불능증alexithymia과도 관련이 있는 것으로 나타났습니다.[8]

## 정서적 방임이 마음에 남긴 흔적

애착을 좀 더 이해하기 위해 비슷한 개념을 몇 가지 살펴볼까요? 우선 정서적 친밀감을 떠올릴 수 있습니다. 얼마나 친한가, 가까운가 하는 것이죠. 어린 시절 경제적으로나 물질적으로는 충분한 보살핌을 받았더라도 부모와 정서적 친밀감을 맺지 못한 아이는 성인이 되어 여러 가지 고통을 호소할 수 있습니다. 대인관계 문제를 자주 겪거나 늘 겉돌면서 피상적인 관계만 맺기도 하고, 세상과 연결되지 못하고 혼자 떨어져 살아가는 듯한 느낌을 갖기도 합니다. 고립된 것 같다, 막연히 외롭다, 마음속이 텅 빈 것 같다고 느끼기도 합니다. 임상심리학자 저니스 웹Jonice Webb은 이런 느낌을 '아동기의 정서적 방임childhood emotional neglect'이라고 부르고 다음과

같은 진단 항목을 제시합니다.[9]

1. 가족이나 친구들과 있을 때 내가 거기에 속하지 않은 것처럼 느껴질 때가 종종 있다.

2. 타인에게 기대지 않는 나 자신에게 자부심을 느낀다.

3. 타인에게 도움을 요청하는 것이 어렵다.

4. 친구들이나 가족이 내게 무심하다, 쌀쌀맞다고 불평하기도 한다.

5. 살면서 내 잠재력을 아직 다 발휘하지 못한 것 같다.

6. 종종 혼자 남겨지는 것이 낫다고 느낀다.

7. 내가 사기꾼처럼 느껴질 때가 있다.

8. 사람들을 만나야 하는 상황이 불편할 때가 많다.

9. 나 자신이 실망스럽거나 나 자신에게 화날 때가 많다.

10. 타인을 판단하는 때보다 나 자신을 판단할 때 더 가혹해진다.

11. 타인과 비교해서 내 부족한 점을 발견하면 종종 기분이 안 좋다.

12. 사람보다 동물을 사랑하는 게 더 쉽다.

13. 특별한 이유 없이 짜증나거나 기분이 나빠질 때가 종종 있다.

14. 내 감정이 어떤지 잘 알기가 어렵다.

15. 내 강점과 약점이 뭔지 잘 모른다.

16. 때때로 내가 겉도는 느낌이 든다.

17. 나는 은둔해서 혼자 사는 것도 가능한 사람이라고 생각한다.

18. 감정을 진정시키는 데 어려움이 있다.

19. 내가 현재에 충실하게 살아가는 것을 방해하는 뭔가가 있는 것처럼 느껴진다.

20. 이따금 내 안이 텅 빈 것처럼 느껴진다.

21. 나한테 뭔가 문제가 있는 것 같다.

22. 스스로 자제하는 것이 어렵다.


위 22개의 항목에서 6개 이상에 '예'라고 대답할 경우, 어린 시절 정서적 방임을 경험했을 가능성이 높습니다. 심한 정서적 방임

을 경험한 사람들은 다음과 같은 문제를 겪을 수 있습니다.[10]

첫째, 항상 공허하다고 느낍니다. 이것은 단순한 우울과 다릅니다. 몸 안이 텅 빈 느낌, 정서적으로 무감각한 느낌이 들고, 삶의 목적이나 의미에 대해 회의가 들거나 특별한 이유 없이 자살을 생각하기도 합니다.

둘째, 어느 누구에게도 의존하지 않고 항상 독립적이고 자율적인 상태가 되려고 애씁니다. 누군가에게 도움을 청하는 것이 거의 불가능하며 차라리 혼자 하는 것이 낫다고 믿습니다. 친밀한 관계가 불편해서 되도록 관계를 맺지 않습니다. 대개 책임감이 강하고 성실하기 때문에 사회적으로 성공하기도 합니다. 하지만 감정이 없는 것처럼 보이거나 바늘로 찔러도 피 한 방울 안 나올 것처럼 느껴져 오해를 받기도 합니다. 일이나 책임에 대한 부담감으로 어느 날 갑자기 사라져버리거나 도망가고 싶다는 생각이 들기도 하고 막연히 우울해지면서 힘들어하기도 합니다.

셋째, 비현실적 자기평가입니다. 내가 어떤 사람이고 무엇을 잘하는지, 강점과 약점은 무엇인지, 무엇을 좋아하고 싫어하는지 잘 알지 못합니다. 또한 타인이 나에 대해 어떻게 생각하는지도 잘 알지 못합니다.

넷째, 타인에게는 관대하면서 자신에게는 혹독합니다. 자기 실수가 하나라도 발견되면 당황하고 불편한 마음이 듭니다. 고통이나 어려움을 털어놓는 다른 사람 얘기는 잘 들어주면서도 자신의 약점은 조금도 참아주지 않습니다.

다섯째, 내게 뭔가 문제가 있다는 죄책감과 수치심을 품고 있습니다. 특별한 이유 없이 우울하거나 슬프고 화가 나며, 때로는 어떤 감정도 느끼지 못할 때가 있습니다. 일이 잘못되면 다 내 탓 같고, 늘 다른 사람보다 열등하다고 느낍니다.

여섯째, 자기 자신에게 쉽게, 자주 화가 나고 긴장을 풀기 위해 술을 마십니다. 때때로 자기 자신을 역겨워합니다. 자기파괴적 생각이나 행동을 자주 합니다.

일곱째, 사람들이 나를 정말 잘 알고 나면 나를 싫어할 것이라고 생각합니다. 그래서 친한 친구에게조차 마음을 열기가 쉽지 않습니다. 내 속마음을 털어놓으면 거절당할 것 같습니다. 누군가와 대화를 이어가는 것이 어렵습니다. 너무 친해지면 분명히 문제가 생길 것이라 생각합니다.

여덟째, 자신과 타인을 돌보는 것이 어렵습니다. 사람들이 종종 나에게 차갑고 냉정하다고 합니다. 오만하거나 건방지다고도 합니다. 내게 오는 사람들은 대개 실질적인 조언을 구하러 오지 정서적 지지를 기대하지 않습니다. 누군가가 내게 너무 좋다, 같이 있어서 좋다며 나를 필요로 하면 마음이 불편하고 기분이 별로 좋지 않습니다.

아홉째, 게으르고 항상 미루며 자기절제가 잘 안 됩니다. 삶이 대체로 지루하고 하루하루가 똑같이 느껴집니다. 마감에 맞춰서 뭔가를 하는 게 힘이 들며, 과식·과음·과소비를 하거나 너무 많이 자는 경향이 있습니다.

열째, 감정을 거의 느끼지 못하거나 적절하게 표현하지 못합니다. 자신이나 타인의 행동에 어리둥절할 때가 많습니다. 화가 나면 항상 지나치게 분노하거나 폭발하는 경향이 있습니다. 내가 사람들과 근본적으로 다른 것처럼 느껴집니다.

## 친밀감을 주지 못하는 부모

어떤 부모들은 왜 이처럼 아이를 정서적으로 방임하는 것일까요? 어떤 경우에 아이는 부모와 친밀감을 맺기 어려울까요? 임상심리학자 린지 깁슨Lindsay Gibson은 아이에게 안전기지가 되어주지 못하는 부모를 정서적으로 미성숙한 부모라고 하면서 크게 네 가지 유형으로 분류했습니다.[11]

첫째, 심하게 감정적인 부모입니다. 이런 부모들은 자주 감정에 압도되어 별것 아닌 일에 과도한 반응을 보이다가도 갑자기 무심하게 관심을 꺼버리곤 합니다. 정서적으로 안정되지 못하고 예측 불가능한 경향을 보이기 때문에 아이는 부모를 안전하다고 느끼기 어렵습니다. 이런 사람들은 자주 불안에 휩싸이며 항상 자신을 진정시켜줄 누군가를 필요로 합니다. 사소한 문제가 일어나도 세상이 다 끝난 것처럼 심각하게 구는 이들에게 타인은 둘 중 하나일 뿐입니다. 자신을 구제해주는 사람이거나 자신을 버리는 사람. 최악의 문제는 자녀가 이런 부모를 진정시키고 안심시키는 역할을 맡게 되는 상황에서 생깁니다. 1장에서 우리가 살펴본 '부모화'가 이럴 때 일어나는 현상입니다.

둘째, 지나치게 주도하려는 부모입니다. 이들은 항상 바쁘고 강박적으로 목표를 추구합니다. 매사 완벽하게 하려고 애쓰고 타인도 그렇게 하기를 요구합니다. 이런 부모들은 항상 아이를 통제하고 이끌려 하며, 해야 할 일을 잘하는지 감시하려는 경향을 보입니다. 그래서 아이들에게 진심으로 공감할 여유가 없습니다. 매 순간 아이가 경험하는 것에 같이 머무르지 못하고, 아이의 마음에 귀 기울이려 하지 않습니다. 대신 아이들이 해야 한다고 생각하는 것을 아이들에게 밀어붙입니다. 아이는 항상 부모에게 자신이 평가받는다고 느낍니다. 그래서 자기 자신을 있는 그대로 드러내기보다는 보여줄 만한 모습만 걸러서 보여주려고 애쓰면서 성장합니다. 어떤 경우에는 부모와 정반대로 아주 무기력한 사람이 되기도 합니다. 무엇을 해도 부모의 성에 차게 잘하기 힘들기 때문에 지레 포기하고 마는 것이지요.

셋째, 수동적인 부모입니다. 이들은 아이에게 어떤 것도 강요하거나 통제하지 않으며 화를 내지도 않습니다. 하지만 이것은 아이와 갈등을 겪을까 봐 회피하는 것입니다. 아이에게 그저 사랑만

받으려다가, 스트레스를 많이 받아 감정적으로 힘든 상황이 되면 아이에게서 확 물러나 숨어버립니다. 부모로서 아이에게 마땅한 기준과 가이드라인을 제시하지 못하고 모든 것을 지나치게 허용해서 아이를 혼란스럽게 할 수도 있습니다. 아이를 사랑할 수는 있으나 아이에게 도움이 되지는 못합니다.

넷째, 거부하는 부모입니다. 아이가 말을 잘 듣지 않고 귀찮게 굴거나 자기 뜻대로 되지 않으면 아이에게 욕하고 아이를 학대하는 유형입니다. 훈육이라는 이름으로 아이를 엄하게 처벌하고 규율을 강요하지만, 정작 아이와 눈도 마주치지 않으려 하고 정서적 따뜻함을 전혀 보여주지 않습니다. 항상 위계를 강조하고 거리를 두면서 아이와 정서적으로 연결되고 싶어하지 않고 친밀감을 거부합니다.

만약 내가 이처럼 정서적으로 성숙하지 못한 부모에게서 양육을 받았다면 나 역시 그런 부모가 될 가능성이 높습니다. 아이에게 화를 자주 내거나 정서적으로 가까이 다가가기 어렵다면 내가 부모와 맺었던 관계를 들여다보고, 아이 문제와 내 문제를 분리해서 바라보는 연습이 필요합니다. 이 책에서 소개하고 있는 마음도구들이 도움이 될 수 있습니다. 하지만 지금 이 순간에도 아이는 부모의 영향을 받고 있기 때문에 문제가 좀 심각한 경우에는 심리상담을 받아보는 것이 좋습니다. 내가 원치 않는 방식으로 자녀를 대하고 후회하는 일이 반복되고 있다면 지금 가장 필요한 것은 전문가와의 상담입니다.

애착과 정서에 관해 연구해온 신경과학자 루이스 코졸리노
Louis Cozolino는 우리 뇌를 관계 안에서 기능하고 발달하는 사회적
기관이라고 정의합니다.[12] 그는 아이의 요구를 바로 알아차리고 섬
세하고 따뜻하게 반응하는 엄마가 아이의 뇌를 건강하게 만든다고
주장합니다. 엄마의 반응이 아이의 뇌를 잘 발달시켜 타인과 관계
를 맺는 능력은 물론 신체적 건강, 학습능력에까지 영향을 준다는
것입니다.

축적된 연구에 따르면, 우울 증상을 가진 엄마 또는 주 양육자
에게서 자라난 아이들은, 그렇지 않은 아이들에 비해 성인이 되기
전에 우울장애가 발병할 위험이 3~4배 높은 것으로 나타납니다.[13]

정서조절과 자기조절 같은 능력들은 주 양육자와의 상호작용
을 통해 발달하는데, 우울 증상을 겪고 있는 엄마들은 의욕이 떨어
지고 정서적으로 위축되어 있어서 아기와 정서적 상호작용을 충분
히 하지 못하는 경향이 있습니다.[14]

게다가 아이의 감정 조절 행동과 능력은 부모-자녀 관계 내에
서 발달하며, 부모의 정서조절 전략들을 직접적으로 모델링해 배
우게 되기 때문에, 아이의 감정 경험과 표현에 대해 부모가 어떻게
얘기하고 반응하는지는 매우 중요합니다.[15]

# 어른의 애착은 달라질 수 있다

부모에게서 많은 영향을 받기는 하지만, 영유아기에 형성된 애착 유형이 대인관계를 절대적으로 좌우하는 것은 물론 아닙니다. 친구를 사귀고 사회생활을 하며, 연애를 하고 결혼을 하는 등 다양한 경험을 통해 우리 성격과 가치관은 여러 번 달라지지요. 따라서 성인의 대인관계에 영향을 끼치는 것이 비단 아동기 애착 유형만은 아닙니다. 과거에는 애착 유형을 한번 생기면 잘 변하지 않는 특질 trait로만 바라보았습니다. 심리학에서 말하는 특질이란 개인을 다른 사람들과 구별해주는 일관적인 심리적 경향성입니다. 상황이 달라져도 변하지 않는 비교적 안정적인 특성이지요.[16] 애착이론의 관점에서 보면, 아동기에 주 양육자와의 관계에서 형성된 내적 작동 모델은 잘 바뀌지 않습니다. 그래서 그 아이가 성인이 되어 겪을 관계들을 예측하는 요인으로 설명하지요. 하지만 성인의 애착을 이것으로 다 설명할 수는 없습니다. 사람은 환경과 상호작용을 통해 끊임없이 변화하며, 성인기의 애착관계는 부모와 영유아 사이의 애착 유형만으로는 설명하기 힘든 더 복잡한 상호작용을 이룹니다.

그래서 최근에는 애착 역시 그 사람이 처한 상황이나 맥락에 따라 달라질 수 있다고 보는 애착 '상태'에 관한 연구가 활발합니다. 한 연구팀은 4년간의 종단연구[17]를 통해, 현재 경험하는 애착 상태에 따라 애착 안정성이 달라질 수 있음을 보여주었습니다. 이 연구에서는 이별 후에 새롭게 관계를 맺는 경험을 긍정적으로 한 사람일수록 애착 안정성이 높게 나타났습니다. 또 다른 학자들[18] 은 자신이 갖고 있는 애착 개념이 애착 상태에 영향을 줄 수 있다고 주장했습니다. 아무리 아동기 애착 유형이 안정형이라 하더라도 경험을 거듭하면서 여러 가지 이유로 불안정한 애착 상태를 경험할 수 있습니다. 뜻하지 않게 고통스런 관계를 경험했거나 사랑하는 사람과 갑작스럽게 이별한 사람은 아무리 애착 유형이 안정형이라 하더라도 불안정한 애착 상태를 경험할 수 있다는 것이지요. 따라서 아동기에 형성된 애착 유형이 하나의 특질로서 영향을 끼칠 수는 있지만, 성인이 되면 애착에 영향을 끼치는 변수들이 많아지기 때문에 성인애착은 항상 변화할 수 있는 '상태'로 이해해야 합니다. 내가 처한 상황과 맥락에 따라 애착 상태는 달라집니다.

## 지금 나의 애착 상태는?

나의 현재 애착 상태는 어떨지 간단히 알아볼까요. 아래 문항을 읽고 하단의 표 '예' 또는 '아니요'에 동그라미를 쳐보세요.

| 1 | 누군가가 나를 정말로 사랑한다고 말해주면 좋겠다. |
|---|---|
| 2 | 나에게 가까운 친구나 연인이 생기면 불편할 것 같다. |
| 3 | 외로움을 느끼지만 다른 사람들과 가까워지고 싶지는 않다. |
| 4 | 사랑받고 있다고 느낀다. |
| 5 | 지금 당장 친한 누군가가 나에게 왔으면 좋겠다. |
| 6 | 뭔가 안 좋은 일이 생긴다면, 누군가에게 기댈 수 있을 것 같다. |
| 7 | 다른 사람들이 나를 아낀다고 느낀다. |
| 8 | 지금 누군가가 나를 무조건적으로 사랑해주기를 간절히 원한다. |
| 9 | 누군가가 내게 너무 가까이 다가올까 봐 두렵다. |
| 10 | 누군가가 나와 친해지려고 한다면, 나는 일정 거리를 유지하려 한다. |
| 11 | 친한 사람들이 내 곁에 있어줄 것이라고 믿기 때문에 마음이 놓인다. |
| 12 | 지금 사랑받고 있다는 느낌을 간절히 원한다. |
| 13 | 기댈 수 있는 누군가가 내 주변에 있다고 느낀다. |
| 14 | 지금 당장 느끼고 있는 여러 가지 감정을 누군가와 나누고 싶다. |
| 15 | 다른 사람들과 가까워지는 것에 대해 복잡한 감정을 느낀다. |

| | | | | |
|---|---|---|---|---|
| 1 | 아니요 | 예 | | |
| 2 | 아니요 | | 예 | |
| 3 | 아니요 | | 예 | |
| 4 | 아니요 | | | 예 |
| 5 | 아니요 | 예 | | |
| 6 | 아니요 | | | 예 |

| | | | |
|---|---|---|---|
| 7 | 아니요 | | | 예 |
| 8 | 아니요 | 예 | | |
| 9 | 아니요 | | 예 | |
| 10 | 아니요 | | 예 | |
| 11 | 아니요 | | | 예 |
| 12 | 아니요 | 예 | | |
| 13 | 아니요 | | | 예 |
| 14 | 아니요 | 예 | | |
| 15 | 아니요 | | 예 | |
| **예의 총 개수** | A | B | C |
| | _____개 | _____개 | _____개 |

'아니요'는 제외하고 '예'라고 답한 쪽을 보고 세로로 몇 개가 있는지 합산해 맨 아래 칸에 적습니다. 그러면 A, B, C 중 어느 쪽에 가장 많이 '예'라고 답했는지 볼 수 있습니다. 이 도표는 캔자스대학교의 옴리 길라스Omri Gillath 교수와 동료들이 개발한 성인애착 상태 척도[19] 등을 참조해 만든 것입니다. A가 가장 많이 나왔다면 관계에서 애착 유형이 주로 양가형을, B가 많이 나왔다면 회피형을, C가 많이 나왔다면 안정형을 보이고 있다고 할 수 있지요. A, B, C가 별 차이 없이 골고루 나올 수도 있습니다.

물론 간단한 자기보고식 평가인 이 결과를 근거로 단정적으로 얘기하기는 곤란합니다. 하지만 내가 맺고 있는 관계의 방식을 이해하는 데 도움이 될 수는 있습니다.

2장에서 우리는 부모와 정서적으로 깊게 연결되지 못한 아이들이 감정을 느끼고 표현하는 법을 배우지 못해 자신과 타인의 마음을 이해하기 힘들어질 수 있다는 것을 알아보았습니다.

1장에서 설명한 자기분화 기억나시죠? 분화와 애착은 매우 밀접한 관련이 있습니다. 애착이 안정적으로 형성되어야 부모에게서 성공적으로 분화할 수 있고, 친구와 연인, 나아가 직장생활에서도 건강한 관계를 맺을 수 있습니다.

애착이 불안정해서 홀로 설 수 없는 사람들이 있습니다. 자신의 성격이 원래 그렇다고 생각하지만, 알고 보면 애착에서 비롯된 문제인 경우가 많습니다. 술이나 약물, 온라인 게임이나 채팅에 빠져 지내는 것, 자기조절이 잘 안 되거나 충동적인 행동을 반복하는 것, 데이트폭력을 저지르거나 반대로 알면서도 그것에서 벗어나지 못하는 것, 자녀에 대한 심한 통제와 집착을 고치지 못하는 것, 항상 자신을 비난하고 채찍질하면서 몸과 마음이 병드는 것 등. 애착으로 인한 결핍과 손상의 정도가 심할수록 그 영향도 오래갑니다.

성인애착이 가변적이라는 것은 좋은 관계의 경험이 오래 반복되고 쌓이면서 안정적으로 변화된다는 의미입니다. 단기간에 직접적으로 변화시키기는 어렵습니다. 이런 문제들을 극복하고 개선하는 방법에 대해서는 차차 다루기로 하고 우선은 1부 내 마음 읽는 법을 마저 알아보도록 하지요.

지금까지 1, 2장에서는 지금 내가 맺고 있는 관계들을 이해하기 위해 과거 관계의 역사들을 살펴보았습니다. 과거의 영향력이 얼마나 클 수 있는지, 현재 관계에 어떻게 영향을 끼칠 수 있는지 알아보기 위해 애착과 분화를 살펴보았지요.

3장과 4장에서는 감정에 대해 들여다봅니다. 감정과 관련한 문제들은 대개 관계에서 일어나지요. 내 감정을 알아야 관계에서 무엇이 일어나는지 알 수 있고 적절하게 대처할 수 있습니다. 관계는 어렵고 내 감정은 잘 모르겠다는 분들을 위해 이제 마음 읽기의 후반부로 넘어갑니다. 앞으로 우리가 살펴볼 것들은 과거의 영향에서 어떻게 자유로워질 수 있을 것인가에 관한 내용입니다.

# 내 감정을 알면

## 보이는 것들

### 나를 읽는 마음도구 3. 정서분별

**뭐가 그리 힘들었는지 모르겠는 당신에게**

감정은 구체적이면 구체적일수록 좋습니다

앞으로 나아가려면 당신은 알아야만 한다.
그때 당신이 왜 그렇게 느꼈는지, 그리고
왜 더 이상은 그렇게 느낄 필요가 없는지를.

_미치 앨봄

우리는 좋은 추억, 즐거운 일에 대해서는 머릿속에 몇 번이고 떠올려보는 것을 즐기지만, 슬펐던 일이나 고통스러웠던 기억에 대해서는 별로 생각하려 하지 않습니다. 그것을 당연하게 여기지요. 하지만 그때 무엇이 나를 정말 힘들게 했는지 정확히 알고 있나요? '나'라는 사람이 특히 어떤 것에 취약한지, 왜 그때 그렇게 할 수밖에 없었는지 충분히 이해하셨는지요? '나'에 대해 잘 안다, 잘 알지 못한다는 것은 무슨 말일까요?

2014년 4월 16일 인천을 떠나 제주로 향하던 여객선 세월호가 진도 부근 해상에서 침몰해 가라앉고 있다는 속보를 접하고 많은 사람이 당혹해했습니다. 하지만 구조를 제대로 못해 많은 승객이 배와 함께 가라앉으리라고는 차마 생각도 못했지요. 당연히 상당수의 승객이 구조되리라는 희망을 품고 우리는 속보를 확인하며 구조자의 숫자를 세고 있었습니다. 얼마 지나지 않아 선장이 배에서 먼저 탈출했다는 소식이 전해지자 선장에 대한 비난이 빗발쳤습니다. 청해진해운이 불법 증축한 배를 사들인 정황이 포착되면서 분노의 감정은 관련 당국과 회사를 향한 비난으로 옮겨졌죠. 그리고 동시에 구조작업이 신속하고 체계적으로 이루어지지 못하는 어이없는 현실에 대한 안타까움과 분노, 슬픔이 쏟아졌습니다.

사건 당일 나는 집으로 가는 제주행 비행기를 타려고 공항에서 기다리고 있었습니다. 공항 대기실에서 텔레비전으로 속보를 보면서 긴장감에 신경이 팽팽해지는 걸 느꼈습니다. 밖으로만 나오면 구조되기 쉬울 테니까 그냥 차례로 뛰어내리라고 배에 갇힌 승객들에게 소리치고 싶었습니다. 이때의 감정은 긴장과 안타까움이었던 것 같습니다. 하지만 하루가 지나도 구조에 속도가 나지 않자

슬슬 불안해졌고 화가 나기 시작했습니다. 사건 발생 3일째, 배가 완전히 침몰해 더 이상 보이지 않게 되자 숨이 막히는 듯 답답하면서 분노가 치밀었습니다. 결국 몇 달간의 수색은 종료되었고, 이 사건은 300명이 넘는 인명을 구조하지 못한 최악의 인재로 한국사에 남게 되었습니다. 이 사건을 통해 우리는 한국 사회가 갖고 있는 너무나 많은 문제를 한꺼번에 목도하면서 말할 수 없는 슬픔과 분노에 휩싸였습니다. 가족을 잃은 많은 사람에게 이 사건은 여전히 진행 중이며, 끝을 알 수 없는 고통으로 남아 있습니다.


## 세밀하게 구분된 감정에는 힘이 있다

사고가 일어났을 때 놀람, 당혹스러움으로 시작되어 긴장과 불안, 화와 분노, 짜증과 안타까움을 느끼다가 결국 슬픔과 막막한 절망에 빠지는 등 우리는 하나의 사건을 겪으면서 많은 감정을 경험합니다. 이럴 때 우리는 "처음엔 깜짝 놀라면서 긴장과 불안을 느끼다가 나중에는 눈앞의 재난을 두고 어느 누구도 어쩌지 못하는 상황에 분노가 치밀었다"고 말할 수 있습니다. 반면 자신의 감정에 대해 "슬픈 건지 화가 난 건지 잘 모르겠다. 그냥 기분 나빴다" "정말 짜증나는데 뭐라고 말해야 할지 모르겠다. 이것저것 뒤죽박죽 섞인 것 같은 혼란스런 느낌이다" "정말 열 받는다" 등으로 표

90

현하는 경우도 있습니다. 말로 표현하기 어려워서 그냥 술을 마시기도 합니다.

전자의 경우, 시간에 따른 감정의 변화를 비교적 명확히 알고 세밀하게 구분해 말하고 있지만, 후자의 사례들은 모두 나쁜 기분 또는 부정적 감정을 한데 묶어 모호하게 말하고 있습니다. 전자처럼 자신이 실시간으로 느끼는 감정을 더 구체적으로, 더 상세하고 명확하게 알아차리는 것을 심리학에서는 '정서입상emotional granularity' 또는 '정서분별emotion differentiation'이라고 합니다.

정서입상은 정서에 관한 연구로 유명한 심리학자이자 신경과학자 리사 펠드먼 배럿Lisa Feldman Barrett 박사가 정의한 개념[1]입니다. 배럿 박사는 실험 참가자 수백 명을 대상으로 몇 달간 자신의 정서 경험을 일기처럼 기록하도록 했습니다. 어떤 이는 자신의 감정을 구체적이고 미세하게 구별하면서 그때그때 다른 언어로 표현하지만, 어떤 이는 몇 개 안 되는 단어로 두루뭉술하게 자신의 감정을 표현했습니다. 연구팀은 전자의 경우처럼 다양한 단어와 개념을 갖고 있는 사람들이 스트레스가 심하거나 감정이 별로 좋지 않을 만한 상황에서도 감정조절을 적절히 잘하면서 적응을 잘한다는 사실을 발견했습니다.

'정서입상'에서 '입상粒狀'이란 알갱이의 모양이라는 뜻입니다. 정서라는 것이 하나의 덩어리처럼 느껴지지만 사실 그 안에는 여러 가지 다른, 잔잔한 알갱이들이 들어 있어서 그것들을 구체적으로 파악할 필요가 있다는 의미입니다. 물론 이것은 비유적 표현으로, 정서 또는 감정에 우리가 관찰 가능한 물리적 알갱이가 따로 있지는 않습니다. 그래서 혼란을 피하기 위해, 나는 배럿 박사 연구팀이 '정서입상'과 병행해 쓰고 있는 '정서분별'이라는 개념으로 설명하려고 합니다. '분별'은 서로 다른 일이나 사물을 구별하여 가르는 것으로, '정서분별'이란 서로 다른 감정을 알아차리는 것입니다. 맥락에 따라 내 감정이 어떻게 달라지는지, 비슷하거나 모호하더라도 이전 감정과 지금의 감정이 어떤 차이가 있는지 구체적으로 알아차리는 것입니다. 비교적 최근에 중요성이 부각된 개념입니다.

여러 차례 실시된 실험을 통해 정서분별을 잘하는 사람들은 그렇지 않은 사람들에 비해 화가 나더라도 흥분을 잘 가라앉혔고, 술을 마셔도 감정의 변화가 심하지 않았다는 사실이 밝혀졌습니다. 또한 이들은 자신의 감정을 적절하게 조율하는 능력이 높기 때문에 병에 걸리거나 약물을 복용하는 비율 또한 낮았습니다. 이 사실은 모두 자신의 감정을 명확히 구체적으로 아는 일이 심리적·신체적 건강과 관련이 높다는 것을 말해줍니다. 그러면 왜 이런 현상이 일어날까요? 그리고 우리는 이것을 삶에 어떻게 적용할 수 있을까요? 정서분별에 대한 이해를 돕기 위해 한 가지 사례만 더 살펴보겠습니다.

1부 | 내 마음을 읽는 법

# 미국 학교에서 '감정수업'을 하는 이유

예일대학교 정서지능센터에서는 룰러RULER라는 프로그램을 운영하고 있습니다.[2] 룰러란 나와 타인의 정서 '알아차리기', 정서의 원인과 결과 '이해하기', 정서에 정확히 '이름 붙이기', 정서를 적절하게 '표현하기', 정서를 효과적으로 '조절하기' 등 다섯 항목의 첫 글자를 따서 만든 이름입니다. 이 센터에서 교육받은 교사들은 학교로 돌아가 매주 약 30분씩 감정수업을 합니다. 감정을 표현하는 데 적절한 어휘들을 먼저 배우고, 그 어휘를 쓰는 훈련을 하지요. 그러고는 한 명 한 명 돌아가며 자신이 겪는 일상생활의 감정들을 잘게 쪼개 최대한 구체적으로 묘사하게 합니다. 3단계로 이

**룰러**RULER **프로그램**

 나와 타인의 정서 알아차리기Recognizing

 정서의 원인과 결과 이해하기Understanding

 정서에 정확히 이름 붙이기Labelling

 정서를 적절하게 표현하기Expressing

 정서를 효과적으로 조절하기Regulating

루어진 프로그램에는 정서지능에 관한 기본 교육, 아이의 학년 수준에 맞는 감정 언어 가르치기, 감정을 스스로 지속적으로 조절하는 법 등이 포함되어 있습니다.

예상대로 룰러 프로그램을 실시한 교실에서는 아이들의 태도와 친구들과의 관계가 좋아졌습니다. 놀랍게도 학업성적까지 전반적으로 향상되었습니다.[3] 비단 학생들만 영향을 받은 것이 아닙니다. 이 정서 프로그램은 교사들에게도 영향을 끼쳤습니다. 프로그램에 대해 전혀 알지 못하는 일반인 관찰자들에게 이러한 교육 모형을 적용한 교실과 일반 교실의 수업을 비교해 평가하게 했는데, 많은 사람이 룰러 프로그램을 적용한 교실에서의 수업이 구성 면에서든 교수 준비 면에서든 상대적으로 더 잘 이루어졌다고 평가했습니다.[4]

룰러 프로그램을 운영하는 학교에 다니는 한 중학생은 이렇게 말했습니다.

"감정에 관한 단어들을 배우면서 친구들이 저와 같은 감정을 경험하고 있다는 사실을 알게 됐어요. 룰러를 하고 나서는 수업시간에 제 얘기를 하는 것이 편안해졌어요."[5]

철학자 마르틴 하이데거Martin Heidegger는 "인간은 마치 자신이 언어를 만들고 지배하는 것처럼 굴지만, 사실은 언어가 인간을 지배한다"고 말했죠. 우리는 흔히 내가 경험한 것을 언어로 표현한다고 생각합니다. 하지만 언어는 이미 그전에 우리 경험을 규정하고 영향을 끼칩니다. 감정 경험도 마찬가지예요. 내가 가지고 있는 개념, 틀, 언어가 내가 경험하는 감정에 크게 영향을 끼칩니다.

뒤에서 좀 더 살펴보겠지만, 언어와 그 안에 내가 갖고 있는 '개념'은 앞으로 지각하는 것들의 내용을 상당 부분 규정합니다. 감정도 마찬가지입니다. 과거에 내가 어떤 경험을 했고 그것이 어떻게 개념화되었는지가 중요합니다. 또 하나 중요한 점은, 미래에 대한 내 지향·의도·목표가 현재에 영향을 끼친다는 겁니다.

우리는 대개 과거는 돌이킬 수 없다고 생각하면서도 현재나 미래에는 어떠한 일도 일어날 수 있다고 생각합니다. 하지만 적어도 뇌의 입장에서 보면 그렇지 않습니다. 노벨생리의학상을 수상한 신경과학자 제럴드 에덜먼Gerald Edelman의 말을 빌리자면, 우리에게 현재란 본질적으로 '기억된 현재remembered present'[6]입니다. 우리는 각자 과거를 토대로 시시각각 벌어지는 경험에 의미를 부여하기 때문에 과거가 현재가 되지요. 물론 이것이 다는 아닙니다. 미래가 있지요. 종합하면 '과거'가 '미래'에 의해 교정된 것이 현재라고 할 수 있습니다. 이때 미래란 현재 우리가 갖고 있는 목표, 의도, 지향성을 말합니다.

하이데거는 《존재와 시간Sein und Zeit》이라는 책에서 현재란 과거와 미래가 상호작용하면서 해석되는 것이지 본질적으로 따로 있는 것이 아니라고 말합니다. 우리에게 과거에 대한 기억이 없다면, 그리고 미래에 대한 지향성이 없다면 현재도 없을 것입니다. 미래

지향성이 없이는 지금 경험하는 대상이나 사건이 내게 별다른 의미를 갖지 못하기 때문이지요.

이런 맥락에서 내 감정을 안다는 것은 그 순간의 '내 상태'를 알아차린다는 것이면서 동시에 내 과거의 의미와 미래의 의도를 알아차린다는 것입니다. 굉장히 거창하죠? 철학적 느낌도 많이 풍기고요. 실제로 정서분별은 일차적으로 심신의 건강에 보탬이 되는 역량이지만, 더 나아가 삶의 나침반이 되어주는 실존적 작업이라고도 할 수 있습니다.

## 감정과 최대한 구체적으로 맞닥뜨려라

배럿 박사와 동료들은 2001년, 정서분별이 실제로 정신건강과 어떤 관련이 있는지를 알아보기 위한 첫 연구를 진행했습니다. 실험 참가자들에게 강렬한 부정적 경험을 했을 때 이를 조절하려고 어떤 노력들을 했는지 '일기식 조사법diary method'을 사용해 기록하게 했죠. 참가자들이 2주 동안 남긴 기록을 분석한 결과, 부정적 정서들을 구체적으로 구별하는 데 능숙한 사람들은 분별이 잘 안 되는 사람들에 비해 부정적인 정서를 줄이고 긍정적인 정서를 더 늘리기 위해 30퍼센트 정도 더 많은 전략을 사용했다는 것이 드러났습니다.[7] 특히 분노나 혐오처럼 강도 높은 부정적 감정을 겪었을 때 정서분별이 구체화될수록 정서조절이 더욱 잘되는 것으로 나타났습니다.

부정적인 감정이라 하더라도 구체적인 정서 경험으로 개념화되고 분류되면, 특정 상황에서 어떻게 행동하는 것이 최선인지 알려주는 정보가 됩니다. 정서분별은 그 자체로 자연스럽게 정서조절 능력을 높여주지요. 따라서 부정적 정서는 회피하거나 통제해야 할 대상이 아니라 오히려 구체적으로 정확히 느껴야 하는 것입니다. '알아야' 조절할 수 있으니까요.[8]

이에 대한 실증적 증거는 많습니다. 예를 들어 스트레스를 받으면 주로 술을 마시는 사람들의 경우, 부정적 정서를 더 구체적으로 분별해서 경험하게 했더니 술에 과도하게 의지하지 않았습니다. 정서분별이 잘되는 사람은 안 되는 사람들에 비해 40퍼센트 정도나 술을 적게 소비한다는 연구 결과도 있었습니다.[9] 또한 자신의 부정적 정서를 잘 분별하는 사람은 그렇지 않은 사람에 비해 자신에게 상처를 준 사람에게 (언어폭력 또는 물리적 폭력으로) 공격적으로 앙갚음을 하는 확률이 20퍼센트에서 50퍼센트 정도 적었습니다.[10] 또 다른 연구에서 자기 감정을 잘 묘사하고 구분할 수 있는 사람은 낯선 사람에게 거절당했을 때 섬엽insula과 전방대상피질 anterior cingulate cortex이 덜 활성화되었습니다. 섬엽과 전방대상피질이 덜 활성화되었다는 것은 구체적으로 어떤 의미일까요? 이 두뇌 영역들은 정서, 고통과 관련이 있는 곳이자, 인간의 생존과 적응을 위한 알로스타시스allostasis(몸의 필요를 충족시킬 수 있게 자동으로 예측하고 대비하는 신체 적응 기능)를 관장하는 핵심 네트워크의 일부입니다.[11] 곧 정서분별은 부정적 감정을 형성하는 신경적 기초물질을 만들어내는 뇌 영역의 활동을 하향 조절하는 것과 관련이 있다는 의미입니다.[12] 풀어 말하면, 정서분별력이 높은 사람은 거절의 고통과 맞닥뜨렸을 때에도 평정심을 더 잘 유지할 수 있습니다.

정서분별력이 높은 사람은 스트레스 상황에 상대적으로 덜 압도되는 것으로 나타났습니다. 정신분별은 다양한 심리적 증상을 또 다른 관점으로 바라보게 합니다. 예를 들어 우리가 보통 우울증이라고 표현하는 것은 우울장애의 한 유형인 '주요 우울장애major depressive disorder'를 말합니다. 주요 우울장애로 진단받았다면 다른 사람보다 우울을 더 많이 느낄 뿐 아니라, 건강한 사람보다 부정적인 정서를 분별하는 수준이 낮다고 해석할 수 있습니다.[13] 사회적 불안장애social anxiety disorder 로 진단받은 환자는, 사람을 만날 때 느끼는 부정적인 감정을 구체적으로 분별하지 못했기 때문에 전체적인 느낌을 불안이라고 얘기하는 것일 수 있지요.[14] 한편 낮은 정서분별력은 자폐스펙트럼장애autism spectrum disorder,[15] 식이장애eating disorder,[16] 경계선인격장애borderline personality disorder[17] 등과도 상관관계가 높은 것으로 나타났습니다.

만성적인 심리적 문제들에는 대개 정서조절 곤란이 공통적으로 포함되어 있지요. 정서분별력을 높이는 개입은 정서조절 문제를 개선하는 데에 도움이 될 수 있습니다. 정서분별이 공포증 치료에 효과적이라는 연구 결과가 하나 있어 소개합니다.

스탠퍼드대학교의 심리학자 캐서리나 커캔스키Katharina Kircanski와 동료들은 거미공포증이 있는 사람들을 모집했습니다.[18] 거미를 무서워하는 참가자 88명을 네 집단으로 나누어 각각 다른

방식으로 독거미 타란툴라를 맞닥뜨리게 했죠.

첫 번째 집단에게는 자신의 감정을 최대한 구체적으로 말로 표현해보도록 했습니다. 예를 들면 "내 앞에 끔찍하게 생긴 거미가 있는데 내게 뛰어오를까 봐 두렵다" 등으로 말이지요. 두 번째 집단에게는 거미에 대한 반응을 덜 부정적으로 느끼게 하기 위해 "이렇게 작은 거미는 위험하지 않다" 등으로 중립적인 단어들을 써서 말하도록 하는 인지적 재평가를 시도했습니다. 세 번째 집단에게는 "내가 앉은 의자 앞에는 텔레비전이 있다" 등으로 자신의 집에 있는 물건들을 떠올리며 말하도록 해서 일부러 주의를 다른 데로 돌리는 방법을 썼습니다. 마지막 집단에게는 공포증 치료에서 많이 쓰이는 노출기법을 사용해 '거미'라는 불편한 자극을 더 많이 줌으로써 둔해지도록 유도했습니다.

그 결과 부정적 감정을 구체적으로 표현하도록 지시한 첫 번째 집단 참가자들의 거미공포증 개선 정도가 다른 집단에 비해 가장 높았습니다. 더욱이 실험을 하고 난 1주일 뒤에도 이 효과는 유지되었습니다. 첫 번째 집단 사람들은 다른 집단과 달리 거미와 직접 맞닥뜨렸을 때 손에 땀이 나는 등의 공포 반응이 줄어들었습니다.

하나의 실험 결과를 일반화하는 것은 무리가 있지만, 이 연구는 아무리 불편하고 불쾌한 경험이라 하더라도 억지로 피하거나 별것 아니라고 애써 그 영향을 축소하기보다 최대한 구체적으로 맞닥뜨리는 학습을 하는 것이 오히려 고통을 줄여줄 수 있다는 가능성을 시사합니다. 게다가 이러한 학습효과는 일시적이지 않았습니다. 불편한 마음을 구체적으로 표현해서 내가 느끼고 있는 감정에 대해 분별하는 훈련을 받았던 사람들은, 이후 거미와 맞닥뜨리더라도 불편감이나 고통을 전보다 덜 느꼈습니다.

지금까지 알아보았듯 정서분별은 정신건강과 관련이 깊습니다. 세밀하게 구체적으로 정서를 경험하다 보면 그 강도와 무관하게 상황에 더 잘 대처하는 방법을 익히게 됩니다. 반면에 분별되지 않은 방식으로 부정적 감정을 겪는 사람들은 스트레스에 쉽게 압도될 수도 있고, 건강하지 못한 방식으로 정서를 조절하려는 유혹에 빠지기 십상입니다. 예를 들면 술을 마신다든지, 폭식을 한다든지, 말이나 힘으로 폭력을 가한다든지, 자해를 한다든지 하는 여러 가지 방식으로 부정적인 정서를 분출하려 합니다. 그러므로 어떤 사람이 심리적으로 건강한지 아닌지 판단하려면, 강렬한 부정적 감정을 얼마나 자주 느끼는지를 파악하는 것만으로는 충분하지 않습니다. 그보다는 그러한 상황에서 자신의 감정을 얼마나 효과적으로 분별해낼 수 있는지를 봐야 합니다.

**우리는 누구나 더 구체적이고 세밀하게 정서를 경험하도록 배울 수 있습니다.** 당연하게도 정서분별력은 타고나는 능력이 아닙니다. 새로운 언어를 배우듯 누구나 배워서 키우고 활용할 수 있습니다. 그러면 우리가 어떻게 정서분별력을 높일 수 있을까요? 나는 정서분별력을 높이는 방법을 크게 세 가지로 권하려고 합니다. 하나씩 살펴보지요.

## 첫 번째 방법: 감정 단어 알기

앞에서 얘기했듯, 정서분별은 관련 어휘를 다양하게 상세히 아는 것에서 시작됩니다. 정서를 표현하는 언어를 구체적으로 잘 알수록 내가 경험하는 감정들을 제대로 분류하고 이해할 수 있습니다. 그래서 정서분별 훈련은 대개 정서와 관련한 어휘 늘리기로 시작됩니다.

감정에 관한 어휘를 늘리는 것은 단순히 언어 습득의 문제가 아닙니다. 정서에 관한 지식을 쌓는 과정이지요. 어휘를 포함한 정서 지식은 내가 경험하는 정서에 직접적으로 영향을 끼칩니다. 정서 지식에는 경험과 관련된 이유(누구에게 화가 났다, 무엇이 두렵다, 무엇 때문에 슬프다)와 그것을 둘러싼 맥락, 그로부터 생겨날 것으로 예상되는 신체감각, 정서를 드러내는 적절한 표현방식, 그 정서의 경험을 늘리거나 줄이는 데 필요한 일련의 행위 등이 모두 포함됩니다.

우리가 실시간으로 느끼는 감정은 바깥세상에서 들어오거나 내 몸 안에서 생겨나는 감각정보들을 개념화하면서 일어납니다.

그 바탕이 되는 정서지식은 몸의 내부감각을 수정하거나 강렬한 부정적 정동을 줄여 효과적으로 정서를 조절하게 해줍니다.[19] 내 감정을 아주 구체적이고 세밀하게 경험하는 사람은 기분을 그저 '좋다, 나쁘다' 등으로 뭉뚱그린 방식으로 경험하는 사람에 비해 매우 활성화된 구체적 정서지식을 갖고 있을 가능성이 높습니다. 활성화된 지식이라는 것은 바로 쓸 수 있다는 의미입니다. 활성화된 지식이 있으면 내 감정을 명확히 알아차려 좀 더 효과적으로 대처하는 방법을 쉽게 알아내고 실행하지요.

따라서 정서분별력을 높이는 첫 번째 방법은 감정을 구분하는 어휘를 늘리는 것입니다. 말하자면 감정 단어 알기입니다. 당연히 한국 사람이 쓰는 정서 어휘와 종류는 미국이나 일본 사람이 쓰는 것과 같지 않으므로 사회문화적 차이를 감안해야 합니다. 그러면 우리가 일상에서 쓰고 있는 감정 언어들이 얼마나 되는지 알아볼까요?

《한국심리학회》지에 수록된 논문들 중 '감정 단어' '정서 용어' 등을 키워드로 갖고 있는 주요 논문들[20]을 참조해서 현대의 한국인이 감정을 표현할 때 자주 쓰는 일반적인 어휘들을 뽑아보았습니다. 300여 명을 대상으로 이 어휘들에 대한 간단한 온라인 설문조사를 진행했는데, 사람들이 일상적으로 쓰는 어휘는 생각보다 많지 않았습니다. 설문조사 결과를 토대로 목록을 표 1과 같이 정리했습니다. 총 100개의 어휘를 10개의 범주로 구분했지만 분류와 딱 맞아떨어지지 않는 경우도 있고, 동사·형용사·명사가 섞여 있습니다. 언어학적 분류가 아니라 현재 많은 사람이 실제로 보편적으로 느끼고 표현하는 것들을 말로 옮겼기 때문에 어법이나 사전적 의미와는 정확히 맞아떨어지지 않을 수 있습니다.

**표 1 | 한국인의 감정 어휘 목록**

| | | |
|---|---|---|
| 화 | 경멸하다 / 자기혐오를 느끼다 / 미워하다 / 증오하다 / 분노하다 / 분하다 / 혐오스럽다 / 화나다 / 괘씸하다 / 실망스럽다 / 배신감 / 억울하다 / 한 맺히다 | 13개 |
| 싫음 | 귀찮다 / 지겹다 / 지루하다 / 싫다 / 짜증 / 역겹다 / 거부감 / 난처하다 / 낯 뜨겁다 / 답답하다 / 어색하다 / 서먹하다 | 12개 |
| 질투 | 약 오르다 / 샘내다 / 부럽다 | 3개 |
| 두려움/걱정 | 겁나다 / 막막하다 / 답답하다 / 두렵다 / 무섭다 / 불안하다 / 초조하다 / 근심걱정 / 심란하다 | 9개 |
| 부끄러움 | 무안하다 / 죄책감을 느끼다 / 민망하다 / 부끄럽다 / 창피하다 / 수줍다 / 수치스럽다 / 쑥스럽다 / 주눅 들다 / 열등감을 느끼다 | 10개 |
| 후회 | 아쉽다 / 후회하다 / 허무하다 / 속상하다 / 망설이다 / 그립다 / 미안하다 / 애틋하다 | 8개 |
| 슬픔 | 가슴 아프다 / 서글프다 / 슬프다 / 우울하다 / 상실감을 느끼다 / 서럽다 / 외롭다 / 불행하다 / 비참하다 / 절망하다 / 참담하다 | 11개 |
| 만족 | 좋다 / 평화롭다 / 편안하다 / 홀가분하다 / 보람차다 / 정겹다 / 자랑스럽다 / 만족하다 / 고맙다 / 감탄하다 / 감동하다 | 11개 |

| | | |
|---|---|---|
| **기쁨** | 기쁘다 / 유쾌하다 / 즐겁다 / 행복하다 / 뿌듯하다 / 성취감을 느끼다 / 흥겹다 / 흥미롭다 / 승리감을 느끼다 / 신나다 / 사랑스럽다 / 재미있다 / 유쾌하다 / 반하다 / 설레다 / 반갑다 / 열광하다 / 통쾌하다 / 황홀하다 | 19개 |
| **놀람** | 놀라다 / 당황하다 / 어이없다 / 뜻밖이다 | 4개 |

그냥 '기분 나빠, 짜증나, 열 받아'가 아니라 구체적인 단어를 써서 감정을 표현하려면 먼저 내가 이런 단어들을 얼마나 정확하게 쓰고 있는지 살펴볼 필요가 있습니다. 사전을 찾을 필요도 없이 읽자마자 한눈에 뜻을 아는 단어들이지만 막상 내가 주로 쓰는 단어는 몇 개 되지 않을 수 있습니다. 물론 내가 자주 쓰는 단어가 포함되어 있지 않을 수도 있지요. 단어를 꼭 많이 써야 하는 것도 아니고 정확한 단어가 따로 있는 것도 아닙니다. 사람에 따라, 상황에 따라 달라지지요. 하지만 평소 감정에 대한 단어를 많이 알고 있다면 강렬한 감정이 휘몰아칠 때나 특별한 이유 없이 기분이 처질 때 내 마음에 다가가기가 쉽겠지요.

마음을 똑똑 두드리면서 지금 이 단어가 내 마음 상태에 가장 맞을까, 아니면 저 단어로 표현하는 게 맞을까 들여다보는 것입니다. 앞의 목록은 현대 한국인이 가장 많이 쓰는 감정 단어들을 뽑아본 것이니 정확한 단어가 떠오르지 않을 때 한번 참조해보세요.

## 두 번째 방법: 감정일기 쓰기

정서분별에 도움이 되는 두 번째 방법은 감정일기를 쓰는 것입니다. 내가 경험하는 감정을 직접 기록해나가면서 살펴보는 것도 좋은 연습입니다. 앞에서 설명한 감정 어휘들을 참조해 내가 자각한 감정의 언어들을 기록해보세요. 처음에는 뒷장의 '표 2. 주간 감정 기록표'를 참고해 일주일간 따라해보는 것도 좋겠습니다.

물론 우리가 늘 두드러지게 감정을 느끼지는 않습니다. 돌이켜보면 특별한 느낌이 별로 들지 않을 때가 더 많지요. 그러면 그런 대로 써봅니다. 아무 일이 없더라도 이런 표현을 할 수가 있지요. 심심하다, 평화롭다, 고마운 마음이 든다, 다행이다, 안정감이 있다, 지루하다, 바빠서 피곤하다, 쉬고 싶다……

굳이 이유를 쓸 필요까진 없습니다. 그 감정을 느끼게 된 상황을 함께 쓰면(이러이러해서 이러이러하다) 물론 좋지만 길게 써야 한다는 부담감이 들면 잘 안 쓰게 될 수도 있습니다. 중요한 것은 한 줄씩이라도 계속 써나가는 것입니다. 내용을 많이 쓰는 것보다는 '구체적으로' 쓰는 것이 더 중요합니다. 처음에는 정확하게 표현한다는 것이 마음처럼 잘되지 않을지도 모르지만, 계속해나가다 보면 점점 더 구체적으로 표현할 수 있을 겁니다. 또한 습관처럼 자주 쓰는 표현이나 단어도 발견할 수 있을 것입니다. 몇 달 동안이나 비슷한 단어들을 거듭해 쓰고 있을지도 모릅니다. 그래도 계속 기록해나가세요. 어느 순간 미세하게 차이가 나타납니다. 시간을 정해두고 날마다 비슷한 시각에 기록하다 보면, 차이를 더 잘 발견할 수 있고 더 구체적으로 쓰게 되지요. 이렇게 감정을 기록하려면 내 마음 상태를 의식해야 하기 때문에, 감정일기를 꾸준히 반복해 쓰면 감정을 알아차리기도 쉬워집니다.

## 세 번째 방법: 정서분별 연습

정서분별 연습은 평소에 틈틈이 해보는 것도 좋지만, 특히 감정을 강하게 느끼는 사건이 일어났을 때 하는 것이 가장 효과적입니다. 감정을 강하게 느낀다는 것은, 생존을 위해 적응하는 데 지금 내가 겪는 상황이 그만큼 방해가 된다고 알려주는 결정적인 신호라고 할 수 있어요. 따라서 감정은 그 자체로 나를 이해하기 위한 '고급 정보'입니다.

　누군가에게는 별것 아닌 일에도 유독 감정이 부글부글 끓어오르거나 밤잠을 설치는 경우가 있습니다. 이런 상황도 사람마다 고유한 패턴이 있습니다. 누구나 감정이 쉽게 동요하는 예민한 구석이 한두 곳쯤 있고, 그 크기나 종류가 다르다고 할까요?

　그래서 강한 감정을 느끼는 순간을 위해 기억해둘 것이 있습니다. 그 감정을 드러내지 않으려고 애쓰거나 일단 덮어둔 채 다른

## 표 2 | 주간 감정 기록표

> "이번 한 주 내 상태를 얼마나 구체적으로 느꼈는가?"
>
> 나는 지금 _____하다.

**보기**

| | |
|---|---|
| **아침** | 회사에 가기 싫은 마음이 든다. 이유 없이 몸이 무겁다. |
| **낮** | 다 귀찮다. 아무 말도 하기 싫다. |
| **저녁** | 내 마음, 내 사정을 정확히 알아주는 사람이 없어 매우 답답하다. 왜 나한테 짜증이야? 내가 만만한가? |

**월요일**

**아침**

**낮**

**저녁**

**화요일**

**아침**

**낮**

**저녁**

## 수요일

**아침**

**낮**

**저녁**

## 목요일

**아침**

**낮**

**저녁**

## 금요일

**아침**

**낮**

**저녁**

## 토요일

**아침**

**낮**

**저녁**

## 일요일

**아침**

**낮**

**저녁**

활동을 하면서 잊어버리려고 하기보다는 이런 마음으로 다가가는 것이 좋습니다.

- 그 감정은 내게 뭐라고 말하고 있지?
- 그 감정에 어떤 이름을 붙일 수 있을까?
- 그 감정은 왜 일어났을까?
- 내가 무엇을 놓친 것일까?
- 이 감정 안에 나의 어떤 소망(욕구, 의지)이 들어 있을까?

이러한 질문들을 던져보면서 이해하는 시간을 가져보는 겁니다. 걷기 좋은 공원이나 강변, 숲길을 혼자 천천히 거닐면서 자문자답하는 것도 좋습니다. 멀리 나가기 힘들 경우에는 집 근처나 회사 근처를 30분 정도 천천히 걸으면서 할 수도 있습니다. 언젠가 나는 한강변을 걸으면서 이 작업을 했는데, 문득 시계를 보니 3시간이 훌쩍 지나 있었습니다. 물론 화가 치밀어오르거나 슬픈 일을 겪었을 때엔 친한 친구나 가족에게 얘기하면서 위로받는 것도 좋습니다. 하지만 내 마음을 내가 정확히 이해하지 못하면 내가 원하는 만큼 적절하게 위로받는 것도 쉽지 않습니다. 그래서 나는 스스로 마음을 다독이는 작업을 먼저 해보라고 권합니다. 자꾸 해봐야 익숙해지고 자연스러워지기 때문입니다.

아무리 강렬하고 불쾌한 감정이라 하더라도 무시하거나 잊어버리지 않고 즉시 들여다보는 작업을 시작한다면 그 감정이 오래 지속되지 않습니다. 게다가 스스로 조절하는 힘이 늘어나 적절한 행위를 선택할 수 있는 여지가 많아집니다. 대개 정서를 알아차리고 그 의미를 이해해 적절한 행동으로 옮기는 것까지 일련의 과정은 다음과 같습니다.

### 정서자각에서 정서분별까지

1. **몸 전반에 주의 기울이기** 지금 내 몸 어디에서 무슨 일이 일어나고 있

는가?

2. **구체적 감각에 주의 집중하기** 배 또는 가슴 또는 어깨에서 무엇이 느껴지는가?

3. **이름 붙이기** 그 느낌에 이름을 붙인다면 뭐라고 하겠는가?

4. **맥락 알기** 그 느낌은 무엇에 대한 마음인가? 어째서 그런 마음이 드는 것일까?

5. **소망 알기** 나는 어떻게 하고 싶은가? 무엇을 바라는가?

6. **행위 선택** 그것을 위해 나는 어떤 행위를 선택할 수 있는가?


## 몸에서 시작하는 마음 읽기

앞에서 말했듯 정서와 연관된 신경들은 알로스타시스와 직결되어 있어서, 감정은 몸의 생리적 반응을 동반합니다. 평소에 몸에서 일어나는 반응을 민감하게 느끼고 잘 들어주는 연습을 하면 특히 강렬한 감정을 겪을 때 크게 도움이 됩니다. 그래서 정서분별 작업은 '몸의 감각을 알아차리는 것'에서 시작됩니다.

**첫째, 몸 전반에 주의를 기울입니다.** 몸 어느 곳이 긴장되나요? 머리가 지끈지끈 아프거나 뒷목이 뻣뻣한가요? 얼굴이 벌겋게 달아오르거나 갑자기 심장이 빨리 뛰는 느낌이 드나요? 체한 것처럼 위가 답답한가요? 명치를 뭔가가 쿡쿡 찌르는 느낌이 드나요?

아니면 장이 꾸르륵거리면서 배가 아픈 것 같나요? 어깨가 무겁나요?

**둘째, 긴장된 몸의 부위를 찾아냈다면 그 부위의 구체적 감각에 주의를 집중합니다.** 배, 가슴, 목, 아니면 어깨 어디든 좋습니다. 방금 찾아낸 좀 다른 느낌이 드는 부위에 집중합니다. 거기에서 무엇이 느껴집니까? 따끔따끔한가요? 아니면 쓰라린가요? 그 느낌에 주의를 집중하는 것만으로도 마음이 따뜻해질 수 있습니다. 반대로 불편하거나 더 피하고 싶은 생각이 들 수도 있습니다. 이 마음까지 그대로 보면서 내 몸의 느낌에 집중합니다.

**셋째, 이름 붙이기입니다.** 그 느낌에 이름을 붙인다면 뭐라고 할 수 있을까요? 외로움이나 서글픔, 배신감, 분노 등 감정을 골라 봐도 좋습니다. 정확한 감정 어휘가 떠오르지 않는다면 '화와 분노가 반반'이라고 하거나 '네모난 회색 외로움'처럼 색깔과 모양으로 내 마음 상태에 좀 더 가깝게 구체적으로 표현해도 좋습니다.

**넷째, 맥락 알기입니다.** 그 느낌은 무엇에 대한 마음인가요? 어째서 그런 마음이 드는 것일까요? 아까 누가 내게 뭐라고 얘기한 것에 대한 반응인가요? 아니면 내가 누군가에게 꼭 하고 싶은 말을 하지 못해서 뒤늦게 치밀어오르는 감정인가요? 무언가를 너무 오래 참았다는 생각이 드나요? 내가 무시당하는 것 같나요?

**다섯째, 소망 알기입니다.** 나는 그 느낌에 대해 어떻게 하고 싶은가요? 무엇을 바라나요? 지금 그 느낌에 대해 바라는 바를 들어

봅니다. '어깨를 짓누르는 이 쇳덩이를 좀 내려놓고 싶어' '저 앞에 보이는 네모난 회색 상자를 이제 좀 열어버리고 싶어'처럼 지금 이 순간 바라는 것이 나올 수도 있고, 평상시의 소망이 불쑥 튀어나올 수도 있습니다. '그 사람이 나를 좀 존중해줬으면 좋겠어.' '나도 칭찬을 받고 싶어.' '엄마 아빠가 나를 인정해줬으면 좋겠어.' '하나하나 시키지 않아도 아이들이 숙제를 알아서 하면 좋겠어.' 이 단계에서는 현실적으로 가능한지 아닌지 계산할 필요가 없습니다. 내 마음 안에 충분히 머무르면서 소망을 정확히 들어보는 것이 중요합니다. 그대로 머물러 떠오르는 대로 들어봅니다.

마지막으로, 행위 선택입니다. 그것을 위해 나는 어떤 행위를 선택할 수 있나요? 가능한 것은 무엇이고 가능하지 않은 것은 또 무엇인가요? 가능하지 않은 것은 왜 그런가요? 그렇다면 현실적으로 내 소망을 어떻게 줄이거나 조절해야 하나요? 그 감정은 지금 내 상황에서 어떻게 대처하라고, 어떤 변화가 필요하다고 말해주고 있나요? 지금 내가 무엇을 선택하는 것이 가장 적절한가요?


## 정서분별, 한번 해볼까요: H씨 이야기

'정서분별'은 심리상담가들 사이에서 아직은 낯선 개념이지만, 이와 비슷한 작업들이 이미 다양한 이론적 접근과 개입 방식을 통해 이루어져왔습니다. 정서자각과 정서분별에 초점을 맞춘 마음 읽기 작업을 어떻게 할 수 있는지 설명하기 위해 H씨와의 상담 내용 일부를 소개합니다. H씨는 자존감이 낮다며 상담을 신청한 30대 중반의 회사원입니다.

H    아무래도 저는 자존감이 낮은 것 같아요.

나    그건 어떤 뜻이죠? 좀 더 구체적으로 얘기해줄 수 있어요?

H    그러니까 제 딴엔 되게 열심히 한 일을 가지고 누가 부정적인 피드백을 하거나 비판을 하면 순간 머리가 하얘져요. 아무 말도 못하겠어요. 그리고 그때 왜 내가 그렇게 대처하지 못했지, 하고 나중에 막 후회가 돼요.

나    내가 열심히 했는데도 부정적인 말을 들으면 누구나 마음이 힘들어지는 게 당연하지 않을까요?

H    아니요. 왜 그냥 한 귀로 듣고 한 귀로 흘려보내는 사람들도 있잖아요. 툭툭 털고 금방 잊는 사람도 많고요. 근데 저는 그 상황이 며칠 동안 머릿속에 뱅글뱅글 맴돌면서 계속 생각이 나요. 그래서 마음이 괴롭고 답답해져요. 그런다고 달라지는 건 없는데도 계속 그래요.

나    그런 마음이 들면 어떻게 하시는데요?

H    처음엔 주로 상대가 나쁘다, 너무하다 원망하는 마음이 들다가 점점 시간이 지나면서 제가 못났다고 생각하게 돼

요. 그냥 쿨하게 잊어버리거나 마음을 크게 먹고 받아주면 될 텐데……. 이도 저도 못하고 낑낑대면서 계속 생각만 하는 게 꼭 바보 같아요. 그러면서 정작 그 사람, 그러니까 팀장 앞에 가면 아무 말도 못해요.

H씨와 서너 차례 상담을 진행하며 마음 읽기 작업을 했습니다. 지면의 한계가 있으니 그중 일부 내용을 압축해 옮겨봅니다.

나  등받이에 편안히 기대앉고 눈을 감아볼게요. 내 안의 깊은 바다로 닻을 내리듯이 천천히 의식을 내 안으로 쭉 내려볼게요. 목, 어깨, 가슴과 배……. 몸 안에서 어떤 느낌이 느껴지나요?

H  어깨가 좀 무거워요.

나  네에. 어느 쪽 어깨인가요?

H  오른쪽 어깨요.

나  오른쪽 어깨에 의식을 집중해볼게요. 어깨에서 어떤 느낌이 드나요?

H  뭐가 짓누르는 것처럼 무겁네요. 음……. 뭔가가 놓여 있는 것 같아요.

나  어깨에 뭔가 놓여 있는 것 같아요?

H  음. 네에.

나  그게 뭐 같아요?

H  서류 뭉치 같은? 제가 해야 할 일들이에요.

나  서류 뭉치가 놓여 있는, 짓눌리는 내 어깨…… 어깨에 의
   식을 두어볼게요.

H  네에.

나  눈을 감은 채로 마음속에서 오른쪽 어깨를 바라보는 느낌
   으로 가서 한번 물어볼게요. 그건 어떤 느낌인가요? 떠오
   르는 단어나 이미지 같은 게 있나요?

H  시커먼 서류 뭉치예요. 부담. 부담이라는 단어가 떠오르
   네요. 시커먼 부담.

나  시커먼 부담이군요.

H  네에.

나  그 느낌에 다가가볼까요?

H  별로 그러고 싶지 않아요. 그냥 도망치고 싶어요.

나  심호흡을 좀 해볼까요?

H  네에. (천천히 몇 번 호흡한다.)

나  지금은 어때요?

H  시커먼 부담이 제 어깨에 딱 붙어 있어요.

나  어깨에게 뭐라고 말해볼까요?

H  어깨요? 음……. 시커먼 부담 때문에 힘들지?

나  어깨에게 인사하고, 다정하게 한번 물어볼게요. 무엇에

대한 부담이니?

H (눈을 감은 채로 잠시 마음속 대화를 하듯 작게 중얼거린
다.) 어깨야 이 시커먼 부담은 무엇에 대한 거니?

나 무엇이 부담되니?

H 무능하다고 할까 봐.

나 누가 무능하다고 할 것 같니?

H 회사 사람들요. 특히 팀장요.

나 팀장이, 회사 사람들이 나에게 무능하다고 할까 봐 부담
되는구나.

H (참고 있던 눈물이 뚝뚝 떨어진다.) 어깨가 짓눌러서 너무
아파요. 미치겠어요.

나 어깨를 천천히 어루만져볼게요. 그리고 심호흡을 좀 하고
편안히 앉아서 다시 그 어깨에 집중해볼게요.

H (왼손을 들어 오른쪽 어깨를 쓰다듬듯 만지고 나서 자세
를 고쳐 앉는다.)

나 어깨야, 그 시커먼 부담을 어떻게 하고 싶니?

H 음······. 떼어내서 집어던지고 싶어요.

나 한번 떼어볼까요?

H (잠시 집중한 뒤) 잘 안 떼어지는 것 같아요.

나 어깨의 그 느낌에 한번 물어볼게요. 잘 안 떼어지는 것 같
아, 어깨야. 내가 어떻게 하면 좋겠니?

H   떼어내려니까 두려워요.

나   떼어내려니 두렵구나. 무엇이 두렵니?

H   어……. 잘 모르겠어요. 혼란스러워요. 좀 복잡한 것 같아
    요.


정서자각에서 정서분별까지의 6단계 중 1단계부터 5단계까지
조금 나아간 것이 보이시나요? H씨의 경우 대여섯 번의 작업을 통
해 어깨를 누르고 있었던 시커먼 부담의 의미를 깨닫고 스스로 떼
어낼 수 있었습니다. 타인에게 인정받기 위해 스스로 채찍질하고
끝없이 달려왔던 자신을 잠시 돌아본 것이죠. 이처럼 상담을 할 때
두 사람이 모두 눈을 감고 내면에 깊이 접촉하고 머무르는 시간을
가진 뒤, 눈을 뜨고 계속 이어가기도 합니다. 물론 혼자서 할 수도
있습니다. 소음으로 방해받지 않는 조용한 곳에 편안히 앉아 눈을
살짝 감고 할 수도 있고, 눈을 뜬 채로 천천히 걸으면서 할 수도 있
습니다. 나는 보통 천천히 걷거나 반신욕을 하면서 이런 작업들을
하는 편입니다.
정서분별로 나아가는 6단계를 다시 정리해보겠습니다.


1.  몸 전반에 주의 기울이기

2.  구체적 감각에 주의 집중하기

3.  이름 붙이기

4. 맥락 알기

5. 소망 알기

6. 행위 선택

이해하기 좋게 단계를 나누어 설명하긴 했지만, 정서를 알아차리고 그 의미를 이해해 적절한 행동으로 옮기는 과정이 반드시 이

순서대로 일어나는 것은 아닙니다. 동시다발적으로 일어나기도 하고, 한 단계를 건너뛰기도 하며, 첫 단계에서 순식간에 마지막 단계로 넘어갈 수도 있습니다. 중요한 것은 내 몸의 반응에 주의를 기울여 감정의 신호들을 구체적으로 파악하고, 그 안에 숨은 나의 소망이나 욕구, 의도를 알아차리는 것이죠. 이처럼 신체 반응을 동반하는 강렬한 감정 경험은 잊어버려야 할 것이 아니라 잘 파악하고 이해해야 하는 정보의 원천입니다. 꼭 강한 감정을 느낄 때만 이 작업이 필요한 것은 아닙니다. 나를 알기 위해, 내 마음을 알아차리기 위해 몸에 주의를 기울이는 것은 언제나 좋은 출발점입니다.


## 있는 그대로 받아들이는 것은 왜 중요할까

이렇게 마음을 들여다보는 작업을 하다 보면 생각하기 싫은 일이나 불편한 감정 등이 올라오기도 합니다. 그럴 때에는 억지로 누르거나 치워버리려 하지 말고 만날 수 있는 것부터 하나씩 만나는 것이 좋습니다. 어떻게 만나면 좋을까요? 이것도 몸을 바라보는 것으로 시작합니다.

먼저 지금 내 마음속에서 무엇이 올라왔는지, 몸에서 일어나는 것을 알아차리고 이름을 붙여봅니다. '열등감' '외로움' '두려움' '근심걱정' '불안'이라는 단어가 떠오를 수 있습니다. 하나 이상의 복합적인 감정이나 생각이면 '질투와 열등감' 등으로 이름 붙여도 좋습니다. 비슷한 일을 겪더라도 각자의 과거 경험과 현재 맥락, 상황에 따라 얼마든지 다르게 경험할 수 있으므로 객관적으로 정확한 기준은 없습니다. 내가 그렇게 느끼면 그게 맞는 것입니다.

강한 감정이 올라오면 때로 호흡이 짧고 거칠어지거나 마음이 혼란해지기도 합니다. 그럴 땐 편안하고 길게, 천천히 깊게 호흡하면서 몸에 다시 주의를 기울입니다. 일어나는 감정과 생각을 다 있는 그대로 받아들이겠다는 마음을 갖는 것이 도움이 됩니다.

그런 뒤, 그 감정이 무엇에 대한 감정인지 살핍니다. 좋다, 나쁘다, 옳다, 그르다 판단하지 말고 있는 그대로 보려고 하는 것이 좋습니다. 다만 그 감정이 내 현재 상태의 '일부'일 뿐 그 '감정이 곧 나는 아니다'라는 사실을 유념하면 아무리 강한 감정이라도 내가 조절할 수 있는 여유가 생깁니다. 그래서 어떤 일로 너무 불안해질 때에는 스스로에게 "내 일부가 지금 불안해하고 있구나"라고 말하면서 따뜻하게 받아들여주는 것도 도움이 됩니다.

감정은 마음 안에 이미 들어 있는 것도 아니고, 몸 어딘가에 쌓여 있는 것도 아닙니다. 내 심신의 상태를 실시간으로 보여주는 것이 감정입니다. 의식이 있는 한, 매 순간 감정이 일어났다 사라집니다. 다만 다 알아차리지 못할 뿐입니다. 어떤 것은 강하고 어떤 것은 강하지 않을 뿐입니다. 그러니 내가 어떤 일로 슬퍼한다고 해서 크게 걱정할 필요도 없고, 누군가를 보면 화가 치밀어오른다고 해서 문제가 되는 것도 아닙니다. 그 의미를 알면 되는 것이지요.

이처럼 정서를 분별하는 작업은 나를 더 잘 이해할 수 있게 해줍니다. 그리고 나에게 정말 중요한 것, 내가 놓치고 있는 것이 무엇인지 깨닫게 해줍니다. 현재 내가 처한 상황에 어떻게 적절히 대처해야 하는지, 타인과 어떻게 효과적으로 소통할 수 있을지 추론하게 해줍니다.


## 원인을 알지 못하는 감정은 오래간다

아무리 강렬한 감정이어도 시간이 흐르면서 차츰 잊힙니다. 극심한 불안도 시간과 함께 희미해지고 심장이 두근거리는 흥분과 즐거움도 영원하지는 않습니다. 하지만 개인차가 큰 것도 사실입니다. 똑같은 재난을 겪어도 어떤 사람은 비교적 빨리 회복해 현실에 잘 적응하고, 어떤 사람은 오랫동안 그 고통에서 헤어나지 못합니다. 심리학은 이런 개인차에 대해 여러 각도로 많은 설명을 해왔습니다. 간략하게 말하자면, 개인의 기질이나 성격, 유전적 소인이나 과거 병력, 어린 시절의 성장환경이나 현재 삶에서 느끼는 만족도, 주관적 안녕감, 스트레스 등 다양한 요소가 개인차에 영향을 끼칩니다. 나는 여기에서 정서분별력과 관련 있는 '감정의 귀인'에 관해 살펴볼 것을 권합니다.

심리학에서 말하는 '귀인attribution'이란 행동의 원인을 추론하는 것입니다. 따라서 '감정의 귀인'은 지금 느끼는 이 감정이 어디에서 비롯되는 것인지 그 원인이나 대상을 알아내 연결시키는 인지적 작업입니다. 감정의 귀인은 그 지속성과 어떤 상관관계가 있을까요? 다시 말해 감정의 원인을 안다는 것은 감정 경험에 어떤 영향을 끼칠까요?

일상적으로는 기분mood과 정서emotion, 감정feeling이라는 단어를 비슷한 의미로 두루뭉술하게 사용하지만, 심리학에서는 '기분'과 '정서'를 구분해서 설명합니다. 이론가들에 따라 조금씩 다르게 정의하기는 하지만 대체로, 그 대상이 구체적으로 따로 있지 않으면서 비교적 오래 지속되는 것을 '기분'이라고 합니다. 반면 외부의 대상이나 사건, 사물의 영향을 받아 마음의 상태가 변화된 것을 '정서'라고 합니다. 자신이 키우던 애완동물의 죽음으로 슬퍼하고 있다면 이것은 '정서'라고 할 수 있습니다. 반면 요즘 들어 괜히 처지고 마음이 울적하다면 이것은 기분에 해당합니다. 대개 우울감 같은 것은 정서라기보다는 기분에 가깝습니다. 미국의 인지심리학자 제럴드 클로어Gerald Clore와 캐런 개스퍼Karen Gasper에 따르면 귀인이 덜 된 부정적 감정일수록 더 오래 지속됩니다.[21] 내가 왜 이런 감정을 느끼는지 잘 알지 못하면, 그때 느끼는 부정적 감정은 더 오래가고 다른 일에도 광범위하게 영향을 끼칠 가능성이 높아집니다. 따라서 그냥 우울하다고 하더라도 슬픔이나 짜증, 불안이나 화 등 구체적 감정으로 쪼개고 쪼개어 각각의 원인을 들여다볼 필요가 있습니다.

많은 사람이 강렬한 정서를 경험하지만, 누구나 느낀 것을 명확하게 알아차리고 정확하게 구별해낼 수 있는 것은 아닙니다.[22] 개인차가 존재하기 때문이지요. 그런데 특히 부정적인 정서 경험을 구체적이고 세분화된 방식으로 분류하는 사람일수록 정서조절이 잘되어 대인관계를 좋게 유지하는 데 유리하다고 합니다.[23] 정서 상태가 세분화되고 구체적일수록 귀인 오류를 일으킬 가능성이 줄어들어[24] 상황에 적합한 행위를 선택하기 때문입니다. 감정의 발생과 조절은 대개 우리가 알아차리지 못하는 사이에 매우 빠른 속도로 일어나지요. 우리가 주어진 상황에서 지금 무엇을 해야 하는지, 뇌는 자동적으로 알아냅니다. 정서분별이 잘될수록 이러한 과정이 더 매끄럽고 적절하게 이루어질 수 있습니다. 뇌에게 좀 더 정교한 도구들을 안겨주는 셈이죠. 이것이 우리가 정서를 가능한 한 구체적으로, 그리고 실시간으로 잘 알아야 하는 이유입니다.

우리는 지금까지 감정을 세밀하고 구체적으로 알아차리고 분별할수록 현실에 더 적절히 대처할 수 있고 정신건강에도 도움이 된다는 것을 살펴봤습니다. 감정을 잘 분별할수록 내 뜻대로 통제하고 조절할 수 있지요. 3장만 잘 이해하고 일상에 적용해도 감정에 충분히 대처할 수 있습니다. 내 마음을 읽는 작업의 핵심이 정서분별이니까요. 4장은 조금 까다로운 내용일지 모릅니다. 최근 급부상하는 분야인 신경과학에서 정서를 어떻게 바라보고 있는지, 정서조절이라는 것이 과연 어떻게 이루어지는지 등 다양한 관점을 살펴봅니다. 조금 낯선 얘기일 수도 있지만, 정서가 어떻게 만들어지는지 좀 더 심도 있게 알고는 싶은데 전문서적을 읽기는 부담스러워하는 독자들을 위해 고민 끝에 넣었습니다. 최근의 쟁점과 연구 결과들이 제시되어 있어서 관심 있는 분이라면 매우 흥미로울 수도 있습니다. 이제 나에 대해 많은 정보를 담고 있는 정서의 바다로 빠져들어가보겠습니다.

# 감정은 내 마음의

# SOS 신호

## 나를 읽는 마음도구 4. 정서조절

**감정은 어쩔 수 없는 것이라는 당신에게**

감정이 만들어지는 과정을 이해하면,

내가 느끼는 감정 자체를 바꿀 수 있습니다

**감정의 지배를 받고 싶지 않다.
나는 감정을 쓰고 누리고 지배하고 싶다.**

_오스카 와일드

평소에 늘 친절하고 이타적이며 참을성이 많은 사람이 별것 아닌 일로 불같이 화를 낼 때가 있습니다. 내가 왜 이렇게 사소한 일에 화를 내는지 이해가 안 될 때도 있지요. 한편 어떤 상황에서도 감정을 드러내지 않고 평정심을 잃지 않는 것이 좋다고 믿는 사람들도 있습니다. 상대에게 감정을 보이면 약점을 들키는 것과 다름 없다고 생각하기도 하지요. 과연 그럴까요? 감정은 무엇이며 어떻게 조절되는 것일까요?

'근대 심리학의 아버지'라고 불리는 독일의 심리학자 빌헬름 분트Wilhelm Wundt가 말했듯 인간은 늘 특정한 감정 상태에 있습니다. 대개 그 강도가 크지 않고 굳이 알아야 할 이유가 없어 알아차리지 못할 뿐입니다.

우리는 흔히 마음속에 어떤 '감정을 가지고 있기' 때문에 그 감정을 경험한다고 생각합니다. 풀어 말하자면, 내 속에 '화'가 있으니까 그게 밖으로 드러나는 것이고, 누군가를 미워한다는 것은 내 안에 그 사람에 대한 '미움'이 있어서라고 여깁니다. 그러므로 감정을 조절하는 법이 따로 있다고 믿으며, 속으로는 감정이 부글거리면서도 겉으로 드러내지 않는 사람을 냉철하다거나 자제력이 뛰어난 사람으로 여기기도 합니다. 이처럼 우리는 '감정'이란 이성적인 생각과 달리, 대개 어쩔 도리가 없는 독특한 무언가라고 생각해왔습니다. 현명하게 판단을 내리려면 감정은 대개 극복하거나 조절, 통제해야 하는 것으로 여겼지요. 그래서 "도대체 감정을 조절한다는 게 가능하냐" "아무리 해도 감정 통제가 잘 안 된다"고 말하는 사람도 많습니다.

우리는 정서를, 감정을 어떻게 조절하는 걸까요? 이에 대한 답을 구하기 전에 우선 '정서'가 무엇인지부터 정확히 알아봐야겠지요. 4장에서는 정서가 무엇인지, 어떻게 일어나는지 살펴보고 정서조절에 대한 다양한 관점을 살펴보도록 하겠습니다.

심리학에서는 인간의 감정을 연구하기 위해 정동affect, 기분, 정서라는 용어를 씁니다. 앞 장에서 보았듯 일반적으로 '정서'에는 그것을 유발한 대상이 있습니다. 그리고 단기적이지요. 반면 구체적인 대상이 따로 있지 않으면서 비교적 오래 지속되는 것을 '기분'이라고 합니다. 신경과학에서는 우리가 알아차리지 못하는 사이에(무의식적으로 또는 암묵적으로) 일어나는 것이든, 의식적 감정 경험이든 '정동'이라 총칭합니다. 심리학이나 신경과학 등의 학문에서는 감정이라는 용어를 쓰지 않기 때문에 이 책에서도 '정서'라는 용어를 주로 쓰되 이해를 돕기 위해 때때로 '감정'을 같은 의미로 사용하겠습니다.


## 내 감정은 타고난 것일까, 학습된 것일까?

플라톤 이래로 수백 년간 서양의 철학과 심리학에서는 정서가 화, 슬픔, 두려움, 기쁨 등 종류가 다른 기본 요소들로 이루어졌다고 여겼습니다. 신경과학의 발달로 지난 20여 년간 수많은 과학자가 우리 몸의 말초신경계의 반응 패턴이나 얼굴 근육의 움직임(표정), 특정 뇌 구조나 기능과 관련지어 각각의 정서가 어떻게 다른지 설명하고자 했지요. 이런 관점을 '유형론적 사고typological thinking'라고 합니다. 쉽게 말해 유형에 따라 나누어 생각하는 것입니다. 이들의 관점에서 슬픔과 기쁨, 화와 두려움은 종류가 다릅니다.

이런 믿음을 갖고 있는 학자들은 정서를 목적론적 적응 개념으로 설명합니다. 우리가 느끼는 정서 하나하나가 특정한 목적을 달성하기 위해 진화한 선천적 작용이라고 보는 것입니다. 예를 들어 '두려움'은 맹수들의 위협에서 얼른 도망쳐서 생존을 돕기 위한 것이고, '슬픔'은 소중한 무언가를 잃었다는 것을 깨닫게 하기 위한 것이며, '화'는 공평하지 않은 상황에서 자신을 지킬 수 있게 하는 것이라는 등의 설명이 심리학책들 여기저기에 등장합니다.

이러한 관점을 지지하는 것이 폴 에크먼Paul Ekman의 '기본정서이론basic emotion theory'입니다. 인간의 정서가 타고난 것이기 때문에 국가와 문화, 개인의 차이 없이 모두가 느낄 수 있는 기본 정서가 존재한다는 이론이죠. 기본정서이론은 '행복한 happy' '슬픈 sad' '두려운 afraid' '놀란surprised' '화난 angry' '역겨운 disgusted' 상태가 인간의 기본 정서[1]를 이루는 여섯 가지 감정이며, 이는 각각 다른 표정이나 행동으로 확연히 구분할 수 있는, 본질적으로 다른 정서들이라고 봅니다. 몇몇 신경과학자들은 이러한 믿음에 입각해 서로 다른 정서들이 일어날 때 뇌의 어느 신경망이 활성화되는지 찾으려고 애써왔습니다. 이들은 사람이 특정 정서를 느낄 때마다 뉴런, 신경망 또는 뇌의 특정 영역에서 뚜렷이 구별되는 활동 패턴이 나타날 것이라고 보았습니다. 뇌에서 각각 다른 활동이 일어나기 때문에 다양한 정서가 만들어지며, 그것이 얼굴 표정으로 드러난다는 논리지요. 다만 기본 정서라고 할 수 있는 게 도대체

몇 개인지에 관해서는 의견이 분분했습니다. 여섯 개라는 주장이 대체로 우세했지만 아홉 개, 열 개라고 제기한 학자들도 있었고, 최근에는 기본 정서가 사실상 행복·슬픔·두려움·화 네 가지밖에 없다는 주장까지 제기되기에 이르렀습니다. [2]

실제로 기본정서이론을 입증하려던 최근의 몇몇 연구는 한 가지 정서 범주를 다른 범주들과 구분하는 데 성공한 것처럼 보였습니다. 학계에서는 오랫동안 지지해온 전통적 관점을 뒷받침하는 것으로 받아들였죠. 하지만 한 가지 문제가 있었습니다. 한 연구에서 나타난 패턴들이 다른 연구에서 그대로 반복되어 나타나지 않았다는 것입니다. 실험 참가자들이 화를 내면 뇌신경의 1번 패턴이 활성화되고, 슬퍼하면 2번 패턴이, 기뻐하면 3번 패턴이 활성화되는 식으로 일관된 결과가 나오지 않았습니다. 여러 가지 정서가 뇌에서 어떻게 일어나는지에 관해 신경학적 원천을 찾으려던 학자들의 노력이 좌절된 셈입니다. 왜 이런 결과가 나왔을까요? 그리고 우리는 이걸 어떻게 이해해야 할까요?

흔히 감정은 통제하기 어렵고 혼란스러운 것이라 생각합니다. 극복해야 하고 잘 다스려야 하는 것이라고 말하기도 하지요. 감정이 있어서 참 좋다고 말하는 사람은 별로 없습니다. 그렇다면 왜 인간은 감정을 느낄까요? 흔히 말하는 합리적 이성, 생각만 작동한다면 생존에 훨씬 더 유리하지 않았을까요? 결론을 말하자면 그 답은 '아니요'입니다. 인간의 생존에 감정은 필수적입니다.

왜 그런지 알기 위해서는 감정이 무엇이고, 어떻게 일어나는지 알아야겠지요? 감정이 어떻게 일어나는지 알기 위해서는 시각, 청각, 후각, 미각 등의 지각을 우리가 어떻게 하는지 살펴봐야 합니다. 매우 비슷한 프로세스를 거치거든요. 시각을 예로 들어보겠습니다. 우리가 무언가를 눈으로 보고 그것이 무엇인지 어떻게 알까요? 지각은 어떻게 일어날까요?

## 뇌는 '예측기계'다

우리가 무언가를 봤을 때, 그것이 무엇인지를 어떻게 알아볼까요? 시각으로 정보가 들어오더라도 우리 뇌가 그것을 파악하지 못하면 우리는 그것을 '볼' 수 없습니다. 그저 선이나 점들이 모인 형체에 지나지 않지요. 그것이 무엇인지 알아보려면 '지식'이 필요합니다. 우리는 과거 경험에 토대를 둔 뇌의 의식적 활동, 즉 뇌의 하향top-down 방식으로 지금 보이는 것이 무엇인지 추리해나가기 때문입니다. 간단히 말해 이전에 쌓인 경험이 없다면 감각정보(지금의 경우 시각)만으로는 의미가 없습니다. 맹인으로 태어나 온갖 수술 끝에 스무 살이 되어서야 처음으로 눈을 뜨게 된 사람은, 산을 보고 "저게 산이구나!" 또는 나무를 보고 "나무가 저렇게 생겼구나!" 하지 않습니다. 기존 지식들에 대비해 하나하나 맞춰가면서 배워야 하지요. 머릿속에 시각화된 정보가 들어 있지 않으면, 눈을 뜨고 보아도 그게 무엇인지 알 수 없습니다.

아직 이해가 잘 안 된다고요? 시험 삼아 다음 사진을 한번 볼까요? 무엇으로 보이세요? 우주? 안개? ……곤충의 날개? 우리는 이 사진을 눈으로 보고 있지만 무엇인지는 알지 못합니다. 사실상 뇌는 아무것도 본 것이 아니라고 할 수 있어요. 다음 사진에 대한 경험이 없기 때문에 아마 특정한 무엇으로 보기 힘들 것입니다.

**그림 1 | 이것은 무엇일까요?** (정답은 이 장 끝에 있습니다.)

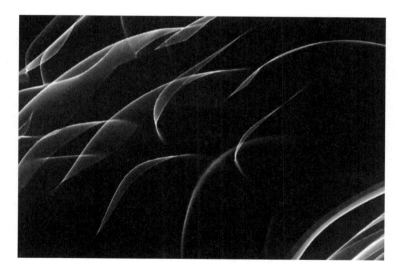

한 가지 예를 더 들어볼까요? 멀리서 누군가가 다가옵니다. 걸음걸이며 옷매무새를 보니 내가 아는 사람 같습니다. 그 사람이 맞

다면 인사를 해야 하니까, 그에 관해 알고 있는 몇 가지 정보를 토대로 신속하게 내 예측과 실제를 비교해봅니다. 100미터에서 70미터, 50미터…… 점점 가까이 다가올수록 얼굴이 선명하게 보이면서 결국 내가 떠올렸던 그 사람이 아니라는 게 확실해집니다. 인사하려고 꺼냈던 웃음기를 얼굴에서 거두며 아무 일도 없었던 듯 타인을 스쳐 지나갑니다.

이처럼 우리는 모든 정보를 실시간으로 일일이 처리하지는 않습니다. 그보다는 과거 경험을 토대로 곧 다가올 미래를 예측하는데, 현실과 예측의 차이, 곧 오차를 제거해가면서 적절한 행위를 고릅니다. 이것이 뇌가 지각하는 방식입니다. 뇌는 단순히 외부 자극에 반응하는 것이 아니라, 언제나 가설을 갖고 예측하면서 실제 경험에 대비해 예측 오차들을 줄여나가는 '예측코딩predictive coding'[3] 프로세스를 돌리고 있죠. 이를 통해 우리는 시각, 청각, 촉각 등 다양한 지각을 경험합니다. 뇌는 실시간으로 들어오는 데이터를 가지고 과거 경험에 비추어 끊임없이 가설을 만들어냅니다. 그래서 오늘날의 신경과학은 뇌를 일종의 '예측기계predictive machine'라고 부릅니다.

이러한 관점에서, 바깥세상에서 예상하지 못한 정보(예측오류)가 발생했다는 것은 체내 시뮬레이션에 대한 피드백이 됩니다. 오류 신호는 체내 감각을 포함해 감각세계에서 들어온 정보와 뇌가 예측한 것 사이를 탐색합니다. 끊임없는 시뮬레이션을 거쳐 오류가 줄어드는 과정을 통해 감각사건들의 원인은 무엇이며 이에 대해 어떻게 행동해야 하는지 추론이 이루어집니다. 지금 일어나는 감각사건들에 대처하기 위해 뇌는 운동, 내장기관 활동 등을 조절하면서 가장 그럴듯한 이유를 만들어냅니다.

우리 뇌에게 가장 중요한 일은 무엇일까요? 생각하는 것일까요? 느끼는 것일까요? 아니면 학습하는 것일까요? 모두 아닙니다. 그렇다면 보거나 듣는 것일까요? 아닙니다. 뇌의 핵심 임무는 우리를 살아 있게 하는 것이죠. 생존을 유지하는 것입니다. 그러면 뇌는 이 엄청난 작업을 어떻게 할까요? 바로 '예측'을 통해서 합니다.[4] 인간을 포함해 모든 동물의 뇌는 생존하기 좋은 방향으로 진화해왔습니다. 바깥 환경의 변화에 적응하기 위해 신체 내부에서 스스로 변화를 일으켜 안정을 유지하는 기능을 '알로스타시스'(생체적응)라고 하는데, 뇌의 가장 중요한 기능은 바로 이런 조절 작용과 관련이 있습니다.[5] 알로스타시스는 특정 조건이나 몸 상태를 뜻하는 것이 아니라, 신체가 치러야 할 손실과 얻을 수 있는 이득에 따라 스스로를 조절해가는 프로세스를 말합니다. 조절을 효율적으로 하려면 몸에 필요한 것을 예측하고 최대한 적은 힘을 들여 변화시킬 수 있는 사령탑이 필요합니다. 우리 뇌는 바로 이 사령탑 역할을 수행합니다.

우리가 평소에 어떤 생각을 하거나 감정을 느끼거나 무언가를 알아볼 때에 우리 몸의 자율신경계, 면역체계, 내분비계 또한 적절한 자원을 찾기 위해 조절됩니다. 모든 동물의 뇌가 이와 같은 방식으로 작동하죠. 포유류에게서 알로스타시스를 관장하는 뇌 영역은 편도체amygdala, 배측선조체ventral striatum, 섬엽, 안와전두피질orbitofrontal cortex, 전방대상피질, 내측전전두피질medial prefrontal cortex입니다. 이름이 참 난해한가요? 이 영역들은 이른바 '내장운동visceromotor 영역'이라고 불립니다. 이제 무슨 일을 하는 영역인지 어렴풋이 감이 잡히죠. '내장운동 영역'은 자율신경계, 면역계, 내분비계 등을 조율하는 중간뇌midbrain, 뇌줄기brainstem, 척수핵spinal cord nuclei, 그리고 몸의 움직임을 통제하는 신경계와 정보를 교환하는 곳으로, 뇌에서 가장 여러 곳과 연결되어 있는 부분입니다. 이뿐만이 아닙니다. 흥미롭게도 정서와 관련된 신경회로들 상당 부분이 내장운동 영역에 속해 있습니다.[6] 따라서 정서가 내장운동, 그리고 알로스타시스와 직접적으로 관련이 있다고 짐작할 수 있습니다.

한마디로 정리하면 우리가 경험하는 감정은 물론이고, 타인의 감정에 대해 이렇다 저렇다 읽는 것도 모두 뇌가 예측한 결과물입니다. 틀릴 수 있을까요? 물론입니다. 예측이기 때문에 당연히 빗나갈 수 있습니다.

# 정서가 만들어진다는 획기적인 생각

정서를 이렇게 설명하는 관점을 '정서구성론theory of constructed emotion'이라고 합니다. 3장에서 얘기한 '정서분별' 기억나시죠? 정서를 구체적으로 미세하게 알아차릴수록 정신건강에 좋다는 사실을 발견하고 이에 대해 연구해온 신경과학자이자 심리학자인 리사 펠드먼 배럿이 주창한 개념입니다. 여전히 대다수 심리학자들이 기본정서이론에 의거해 연구하는 현실에서, 지난 20년간 정서에 대한 기존 패러다임을 뒤집을 만한 근거와 논리들을 제시해온 배럿 박사의 존재는 독보적입니다. 배럿 박사는 뇌가 개연성을 기준으로 예측 군群을 조직하면서 개념들concepts을 구성한다고 추정합니다.[7] 이러한 개념들을 토대로 들어오는 감각정보들을 빠르게 예측하고 적응함으로써 의미를 구성한다는 것입니다.

이 이론으로 설명하자면, 모든 동물의 뇌가 개념들을 만드는 데는 이유가 있습니다. 바깥에서 들어온 감각자극들을 범주에 따라 분류해서 자동적으로, 즉 하나하나 의식하지 않고서도 적절한 행위를 이끌어내기 위해서죠. 뇌는 이 개념들을 가지고 바깥세상이 어떻게 생겼고 어떻게 돌아가는지 이해하는 데 쓸 모형을 자기 내부에 만들어 시뮬레이션합니다. '내부 모델internal model'을 운영하는 거죠.

평균적인 성인을 기준으로 볼 때 뇌는 체중의 약 2퍼센트 정도

밖에 안 되는 무게이지만, 에너지 소비량은 전체의 20퍼센트를 차지합니다. [8] 안팎으로 일어나는 자극을 하나하나 정확히 파악하고 판단한다는 것은 신진대사적으로 불가능하지요. 따라서 뇌는 생리적 필요의 관점으로 세계를 모델링합니다. 내부 모델에는 바깥세상에서 일어나는 일들의 통계적 규칙성뿐만 아니라 체내 환경의 통계적 규칙성도 포함됩니다. 이처럼 체내의 자극이나 변화를 감지하고 활용하는 것을 통칭해 내수용 감각interoception이라 부릅니다. [9]

이는 시각·후각·청각·촉각·미각 등 몸 바깥의 자극을 감지하는 외수용 감각exteroception[10]에 대비해 쓰는 용어입니다. 목이 마르거나 배가 고프다는 감각, 심장이 빨리 뛰거나 위가 더부룩한 느낌처럼 우리가 감지할 수 있는 느낌은 물론이고, 의식할 수 없는 미세한 것들도 모두 내수용 감각에 포함되는데요. 뇌가 운영하는 내부 모델의 핵심을 차지하는 것이 바로 이 내수용 감각입니다. [11] 사람은 태아 때부터 뇌에서 신체와 세계에 대한 예측오류들을 처리하면서 내부 모델을 만들기 시작합니다. 동물이라면 모두 알로스타시스를 위해 바깥세상에 대한 내부 모델을 운영해요. 심지어 뇌가 없는 단세포 생물들도 알로스타시스를 위해 학습하고 기억하고 예측하며 먹이를 찾아다니죠. [12]

내부 모델 없이 뇌는 지각하지 못합니다. 시각·후각·청각 정보의 의미를 해석하지 못합니다. 그러면 우리는 섬광을 볼 수 없고, 화학물질의 냄새를 맡을 수 없으며, 기압의 변화를 음악처럼 들을 수도 없습니다. 이전 경험이 전혀 없다면 볼 수도, 들을 수도, 냄새 맡을 수도 없습니다.[13]

　이처럼 뇌의 시뮬레이션은 행위를 이끌어내고 지각을 구성하는 핵심 요소입니다. 바깥세상과 신체 내부에서 어떤 감각사건들이 일어날지 실시간으로 예상하고, 곧 닥칠 감각사건들에 대처하기에 가장 좋은 행위들을 예측합니다. 뇌의 예측은 곧 개념이고, 예측이 완성되었다는 것은 생리적 조절을 유지하고 행위를 이끌며 지각을 구성하는 범주화가 이루어졌다는 것을 말합니다. 본래 '범주'란 어떤 맥락 내에서 특정한 목표를 달성하기 때문에 비슷하게 다뤄지는 사건이나 대상들의 군群을 뜻하지요. 대상을 하나하나 파악하고 처리하는 것은 매우 비효율적입니다. 그래서 뇌는 사건이나 대상들을 비슷한 범주로 묶어서 예측하고 지각하며 기억합니다. 모든 사람에게 이 분류 기준이 같을까요? 결코 그렇지 않겠지요. 과거에 무엇을 경험했는가, 어떤 지향이나 목표를 가지고 무엇에 주의를 기울이느냐에 따라 분류 기준은 상당히 달라집니다.

　일단 예측오류가 최소화되면 예측은 하나의 지각이 됩니다. 이런 방식으로 뇌는 과거 경험을 현재 상황에서 적절한 행위로 가장 잘 이끌어줄 하나의 범주를 구성하는 데 사용하지요. 뇌는 지속적으로 개념을 구성하고 감각입력이 무엇인지 식별하기 위해 범주를 만들어내며, 무엇이 그것을 일으켰는지 원인을 추론하고, 그것에 대해 어떻게 하면 좋을지 행위 계획을 세웁니다. 참 복잡해 보이는 일들이 순식간에 이루어지죠.

내부 모델이 하나의 정서 개념을 만들 때, 그 결과는 하나의 정서 사례가 됩니다. 감정은 이렇게 해서 일어납니다. 정서구성론을 한마디로 정리하면, 정서가 시각이나 청각처럼 여타 지각이 구성되는 방식과 같은 방식으로 구성된다는 것입니다. 정서가 선천적으로 뇌 안에 들어 있어서 상황에 맞게 튀어나오는 것이 아니라, 눈으로 보고 귀로 들으며 그게 무엇인지 알아차리는 방식으로 만들어진다는 사실은 기존의 심리학 교재로 정서에 관해 공부한 이들에게는 매우 충격적인 내용입니다. 특히 '이성과 감정' '생각과 정서'를 나누어 생각하는 것이 익숙한 사람들은 매우 혼란스러울 수 있습니다.

감정이 어떻게 일어나는지 조금 더 쉬운 설명이 필요할 것 같군요. '행복'을 예로 들어볼까요? 언제 행복하다고 느끼나요? 사랑하는 사람이 나를 향해 활짝 웃을 때, 시원한 숲속을 걸어갈 때, 소중한 친구와 맛있는 음식을 먹을 때 우리는 행복해집니다. 어려운 시험을 통과했을 때, 시합에서 기대하지 못한 우승을 거두었을 때, 계획대로 목표를 달성했을 때에도 행복하다고 느낍니다. 두꺼운 책을 다 읽은 뒤에도, 누군가를 도와주었을 때에도 뿌듯한 행복감을 느낍니다. 각 경험은 서로 종류가 다르지만 뇌는 이 정보들을 하나의 범주로 모아놓기 위해 행복이라는 개념을 만듭니다. 그리고 그 개념 덕분에 이후에 다가오는 감각적 사건들에 의미가 생깁니다.

　새로운 경험을 맞닥뜨리면 이것이 '행복'이라고 분류된 이전 경험들과 얼마나 비슷한지 신속하게 비교하면서 현재 경험을 해석합니다. 물론 이 과정에서 중요한 것은 내 기준입니다. 절대적인 '행복'이 따로 있는 것이 아니죠. 지금 내가 갖고 있는 목표들, 예를 들면 가족과 함께 즐거운 시간 많이 보내기, 꾸준히 운동하기, 사회에 참여하기 등이 반영됩니다. 이 모든 것은 나의 생존과 생체

적응, 곧 알로스타시스가 효과적으로 이루어지는 데 기여합니다.

다시 말하자면, '행복'은 특정한 의미를 갖지만, 그 특정한 의미는 상황에 따라, 경우에 따라 달라집니다. 따라서 행복한 감정을 다양하게 경험한 사람은 앞으로도 행복감을 느낄 가능성이 더 높아집니다. 여기저기서 행복의 단서들을 더욱 미세하게 포착하기 때문입니다. 이와 비슷하게, 과거에 외로움을 절절히 자주 느낀 사람들은 그와 조금이라도 유사한 상황에 처하면 다른 사람들은 느끼지 못하는 외로움을 느낄 수 있습니다. 자신이 과거에 자주 경험해 더 많이 형성된 개념대로 실시간 정보를 추론하고 분류하기 때문에, 자주 느꼈던 감정을 더 많이 느낄 수 있습니다.

지금까지 여러 장에 걸쳐서 정서에 대한 새로운 과학적 발견들을 소개한 이유를 이제 눈치챘나요? 감정이라는 것이 순수해서 매우 특별하며 결코 바뀌지 않는다고 믿어왔거나, 도저히 내 의지대로 어떻게 할 수 없는 것이라고 생각해왔다면 여기서 잠시 멈추시는 것이 좋겠네요. 지금까지 말했듯 감정이란, 내 과거 경험과 맥락에 따라 실시간 만들어지고 변화하고 흘러가는 것이니까요. 상황이 조금만 바뀌어도 달라지는 것이 감정인데 우리는 거기에 지나치게 많은 의미를 부여해온 게 아닌지 모르겠어요.

우리 속담에 "미운 놈 떡 하나 더 준다"고 하지요? 나는 이 말이 상당한 심리학적 지혜를 담고 있다고 생각합니다. 나는 이유도 없이 이상하게 밉거나 거슬리는 사람이 있다면 저 속담대로 초콜 릿이나 쿠키처럼 맛있는 것을 하나 건넵니다. 그럼 대개의 경우 그 사람이 내게 웃는 얼굴을 보여주고, 나도 웃게 됩니다. 자연스럽게 서로 호의와 관심이 생겨나지요. 사소한 행위를 통해 이해하는 마 음이 싹틉니다. 그 사람을 몇 번 더 보면 애초에 갖고 있었던 미운 감정, 거슬리는 마음이 어디에서 비롯되었는지 알게 되지요. 바로 내 과거 경험이 만들어낸 내 마음속의 상이라는 것을 깨닫게 됩니 다. 그러면 내 감정과 관계, 그리고 타인을 어느 정도 분리해서 보 게 되고 합리적으로 대처할 수 있습니다.

어떤 감정을 느꼈든, 얼마나 강렬하든 상관없이 그것이 무엇이 고 어떤 맥락에서 나온 것인지 의미를 구체적으로 알게 된다면 생 각과 행동을 조절할 수 있습니다. 갑자기 분노가 폭발해서 소리를 지르는 사람을 가리켜 '감정조절'이 안 된다고 말하지만, 사실 그 사람은 말과 행동의 조절이 안 되는 것이지요.


## 정서란 곧 뇌의 상태다

신경과학 연구들에 따르면, 정서는 하나의 '뇌 상태' 또는 '마음 상태state of mind'[14]입니다. 그러니까 우리가 다섯 번 슬픈 일을 겪었 다고 해서 그 다섯 번이 모두 똑같은 상태일 수는 없습니다. '슬픔'

이라는 범주로 뭉뚱그려 묶을 수는 있지만 뇌가 보기에는 제각각 다른 사건이며, 매번 똑같은 뇌신경들이 관여하는 것은 아닙니다. 따라서 똑같은 일을 겪더라도 그 사람이 처한 상황과 그간의 경험에 따라 각기 다른 정서를 경험할 수 있습니다.

이해를 돕기 위해 이렇게 설명해볼까요? 감기에 걸리는 이유는 무엇인가요? 바이러스에 감염되기 때문이지요. 그런데 바이러스는 종류도 많고 감염되는 경로도 다양합니다. 하지만 어떤 이유로든 감기에 걸리면 '코 막힘, 발열, 기침' 등 거의 동일한 결과가 나타납니다. 이처럼 구조적으로 다른 요소들이 같은 기능 또는 같은 결과를 내는 것을 '축중縮重'이라고 합니다.[15] 우리에게는 좀 낯설게 들리지만 물리학이나 화학에서는 이미 널리 쓰이는 개념이자, 우리 뇌를 이해하려면 꼭 알아야 할 신경작용입니다. 배럿 박사는 저서 《감정은 어떻게 만들어지는가How Emotions Are Made》에서 이 '축중' 개념을 통해 정서를 설명합니다. 슬픔이나 화 같은 정서 경험도 그와 다르지 않다는 얘기지요. 갖가지 원인으로 인해 드러난 결과나 현상을 슬픔, 화, 기쁨으로 우리가 해석하는 것이지 애초에 화와 슬픔, 기쁨을 일으키는 신경학적 기제가 따로 있지 않습니다.

신경과학의 새로운 발견들은, 그간 심리학에서 감정을 종류별로 나누어 긍정 정서와 부정 정서, 곧 '기쁨'과 '행복'이 '화'나 '슬픔' 등과 어떻게 서로 '본질적으로' 다른지에 집중해온 관점에 커다란 오류가 있음을 보여줍니다. 정서를 이해하려면, 드러난 현상들을 비슷한 것끼리 같은 범주로 분류하는 것이 아니라 그 정서가 경험되는 신체 내외부의 상황과 맥락, 개인의 과거 경험을 고려해야만 합니다. (이것은 사실 우리 뇌에서 벌어지는 모든 일을 들여다볼 때 필요한 관점입니다.) 창밖으로 눈이 하염없이 내리는 풍경을 바라보면서 어떤 사람은 춥고 쓸쓸하게 느끼고, 누군가는 예쁘다고 느껴 마음이 설레고, 누군가는 운전해서 집으로 돌아갈 걱정에 내리는 눈을 위협적으로 느끼듯이, 우리의 지각은 몸의 생리적 상태를 포함해 내가 놓인 상황과 과거의 경험에 따라 달라질 수 있습니다. 정서도 이와 마찬가지입니다.

이처럼 '개념'은 우리 정서에 실시간으로 영향을 끼칩니다. 개념이라는 단어가 아직 잘 와 닿지 않는다면 '믿음'으로 바꿔서 이해해도 좋습니다. 우리는 자신의 경험을 토대로 예측하지요. 시각·청각과 마찬가지로 감정도 과거 경험을 통해 예측합니다. 물론 이것은 종종 오류를 일으킵니다. 과거 경험 자체가 온전하지 않은데, 그것을 토대로 예측해야 하니 오류는 더 커질 수 있겠죠. 게다가 우리에게 생명이 있는 한 잠시도 멈추지 않고 새로운 감각정보들이 쏟아져 들어오니 뇌로서도 무엇인가를 '지각'한다는 것이 그리 간단한 작업은 아닙니다.

## 정서를 조절하는 것이 가능한 일일까?

이제 정리하기 위한 질문을 해야 할 때군요. 앞에서 약간 언급했지만 우리는 '감정을 자제해야 한다' '감정을 이성으로 차분히 다스려야 한다'는 표현을 씁니다. 이것은 과학적 근거가 있는 말일까요? 답부터 말하자면, '이성으로 감정을 통제한다'는 말은 뇌신경과학의 입장에서 보면 틀린 말입니다. 지금부터 이유를 설명하죠.

혹시 '파충류의 뇌' '포유류의 뇌' 같은 말을 들어봤나요? 폴 매클린Paul MacLean이라는 신경과학자가 제안한 '삼위일체 뇌Triune Brain' 이론[16]에서 나온 말입니다. 인간의 뇌는 가장 깊은 곳의 파충류의 뇌, 그다음 층인 포유류의 뇌를 거쳐 영장류의 뇌로 진화했으므로 뇌가 세 가지 층으로 이루어져 있다는 주장이었지요. 1950년대에 처음 발표된 이래로 이 이론은 매우 널리 알려졌습니다. 하지만 최근 신경과학자들은 우리 뇌가 이처럼 층을 이루어 진화한 것이 아니라는 사실을 밝혔습니다. 인간의 뇌가 다른 동물과 다른 것은 구조가 달라서가 아니라 더 미세하게 신경배선wiring이 되어 있기 때문이라는 것이지요.

그간 신경과학의 연구들이 축적되면서, 수십억 개의 뉴런들이 연결되면서 뇌 전체가 생각이나 감정을 일으키는 것이지 뇌에 '인지(생각)'나 '정서(감정)'를 담당하는 부분이 따로 있는 것이 아니라는 사실이 밝혀졌습니다. 신경과학자들 사이에서는 '파충류의 뇌' '포유류의 뇌'라는 말은 이제 사라졌지만, 여전히 많은 사람은 감정이 뇌 깊은 곳에서 비롯되기 때문에 통제하기 어렵다거나, 인간은 대개 감정적이어서 충동적으로 무언가를 하려고 하고 이성이 그것을 잘 다스려야 한다는 식으로 설명합니다. 하지만 감정에 대해 제대로 이해하려면, 이렇게 생각과 감정을 대립 구도로 보는 시각부터 버려야 합니다.

동물의 생리 상태는 온종일 끊임없이 변화합니다. 바깥세상에서만 자극이 들어오는 것은 아니지요. 몸 안의 신경계와 내장기관들도 끊임없이 움직입니다. 현재 우리가 맞닥뜨리는 감각계의 정보들은 조금 전에 우리가 경험한 과거와 곧 다가올 미래에 대한 예측의 영향을 받습니다. 이러한 관찰을 통해 신경과학이 발견해낸 또 하나의 놀라운 사실은 바로 바깥세상에서 자극이 들어올 때까지 뉴런이 '쉬지 않는다'는 것입니다. 아주 오랫동안 심리학은 뇌가 '자극stimulus → 반응response' 기관, 즉 자극을 받아야 반응하는 기관이라고 가정해왔지만, 신경과학의 발견들로 이 역시 사실이 아님이 밝혀졌습니다.[17] 동물의 신경계는 외부 자극이 있어야 반응하는 것이 아니라, 먼저 감각이 예측되고 그 뒤에 바깥에서 들어오는 감각입력들에 의해 교정되는 순서로 작동합니다. 끊임없이 움직이는 뇌 활동이 들어오는 감각정보 처리에 영향을 끼치기 때문에, 엄밀히 말해서 이전에 내가 경험한 것과 무관하게 '중립적' 또는 '객관적'으로 지각한다는 것은 불가능합니다.

모든 행위와 지각은 개념으로 만들어지고, 모든 개념은 알로스타시스에 기여하며, 정동에 변화를 일으킵니다. 이러한 발견은 지각과 인지, 정서가 특정 뇌체계에 국한되어 있을 가능성이 아주 낮다는 것을 보여줍니다. 일부 뇌 영역이나 특정 신경회로가 인지, 기억, 정서를 따로따로 담당하는 것이 아닙니다. 우리 뇌는 기본적으로 하나 이상의 기능을 맡는 다목적 신경회로multipurpose circuitry들로 이루어져 있기 때문입니다.

지금까지 최근 신경과학이 밝혀낸 정서에 대한 새로운 사실들을 자세히 살펴보았습니다. 생각과 감정이 대립하는 것이 아니라면, 감정은 도대체 어떻게 조절되는 것일까요? 그리고 감정조절이 잘 안 된다는 것은 무엇을 뜻할까요?

## 정서조절은 좋은 감정만 남기는 것이 아니다

이제 본격적으로 '조절'에 대해 들여다볼 차례입니다. '정서조절이 잘 안 된다' 또는 '정서조절이 필요하다'는 말은 불안이나 두려움, 화나 분노, 슬픔이나 원망처럼 이른바 부정적 감정에 어떻게 대처할 것인가 하는 문제입니다. 마음이 즐겁고 고통이 없어야 심리적·정신적으로 건강하다[18]는 것은 누가 봐도 상식 같지요. 하지만 사실 부정적인 감정은 우리의 생존을 위해 반드시 필요한 것으로, 현재 상황이나 활동에 적응하거나 변화시킬 필요가 있다는 신호를 보내는 정보로서의 가치가 더욱 큽니다.[19] 이러한 신호에 잠재적 위험을 피하기 위해 적절하게 조치를 취하지 않으면 큰 비용을 치를 수 있습니다.[20]

즐거운 감정을 원하고 불쾌한 감정은 피하려고 하는 쾌/불쾌가 정서조절의 기준이라고 보는 입장을 '쾌락적 접근hedonic approach'이라 합니다. 쾌/불쾌 감정 경험에 따라 그 감정에 대한 선호도가 달라진다고 보는 것이지요. 당연한 상식 아니냐고요?

하지만 실제로 인간이 항상 즐거운 감정을 원하고 불쾌한 감정을 기피하는 것만은 아닙니다. 히브리대학교의 심리학자 마야 타미르Maya Tamir는 인간이 어떤 정서를 더 느끼기를 원하거나 원하지 않는 것, 곧 특정 정서를 조절하려고 하는 동기는 사람이나 상황, 문화에 따라 상당한 차이가 있다면서 정서조절에 대한 '도구적 접근instrumental approach'을 제안했습니다. 쾌/불쾌만이 아니라 도구적 유용성도 정서조절에 영향을 끼친다는 것이지요. 타미르 박사 연구팀은 화나 슬픔 같은 불쾌한 정서라 하더라도 사람이 처한 상황과 맥락에 유용할 경우에는 이러한 정서 경험을 더 원한다는 것을 여러 차례의 실험연구를 통해 보여주었습니다. 실험 참가자들은 대개 자신이 처한 상황과 맥락에서 필요하다고 생각되는 감정을 더 느끼고 싶어했습니다. 이러한 관점에서 보면, 정서는 목표와 관련된 행동들을 촉진하는 도구가 되기도 합니다. 따라서 도구적 접근에서 말하는 심리적 건강이란 무조건 긍정적인 기분을 많이 느끼고 부정적인 기분을 덜 느끼는 것이 아닙니다. 그보다는 유용한 정서를 더 많이 느끼고, 해로운 정서를 덜 경험하는 것을 뜻합니다.[21]

실제로 일반인들을 대상으로 한 연구에서, 어떤 정서를 더 느끼고 싶어하는지를 보여주는 정서선호도emotional preferences는 그 사람이 처한 상황이나 맥락에 따라 달라졌습니다.[22] 대체로 인간이 불쾌한 감정보다는 유쾌한 감정을 선호하는 것은 사실이지만, 이 역시 상황에 따라 달라질 수 있다는 뜻입니다. 누군가에게 대항해야 할 때와 같이 '화'가 도구적으로 유용할 때에, 실험 참가자들은 일반적으로 화를 더 느끼고 싶어했습니다. 반면 누군가와 협력해야 하는 상황과 같이 행복이 도구적으로 유용할 때에는 행복을 더 느끼고 싶어했습니다.

또한 우울증을 비롯한 다양한 정신적 문제와 관련이 있다고 알려진 신경증neuroticism 수준이 높은 사람들의 경우에는 조금 다른 결과가 나왔습니다.[23] 연구팀은 대학생 47명을 대상으로 신경증 수준을 평가한 뒤에 과제들을 나눠주었습니다. 설거지 같은 쉬운 일부터 시험을 보거나 사람들 앞에서 연설을 하는 것처럼 까다롭거나 부담스러운 일에 이르기까지 다양한 난이도의 과제를 제시했지요. 그리고 이것들을 수행하기 전에 자신이 느끼고 싶은 감정을 선택하도록 했습니다. 흥미롭게도 신경증 수준이 높았던 참가자들은 힘든 과제를 수행하기 전 대부분 걱정과 불안을 선택했습니다. 게다가 신경증 수준이 높은 사람들 중 불안했던 과거 사건을 회상하고 문제를 풀었던 참가자들은 행복했던 순간을 떠올린 뒤 문제를 풀었던 참가자들보다 철자 바꾸기 게임에서 훨씬 좋은 성적을 냈습니다. 반면 신경증 수준이 낮은(정신적으로 건강한) 참가자들의 경우에는 게임 직전에 어떤 정서를 느꼈는지가 게임 성적에 별다른 영향을 주지 않았습니다.

요약하면, 신경증 수준이 높은 사람들은 인지능력이 필요한 상황에서 성과를 높이기 위해 걱정을 선택했다는 것입니다. 당장은 불쾌하더라도 미래의 긍정적 결과를 얻기 위해 걱정이나 불안을 느끼고 싶어했습니다. 이런 현상은 과제가 어려울수록 두드러지게 나타났습니다. 잠재적으로 위협적인 상황에 대비해 걱정과 두려움을 더 느끼고 싶어한 것이지요.

이처럼 필요하다고 생각되면 사람은 불쾌한 정서를 택할 수도 있습니다. 감정은 우리의 동기나 생각과 무관하게 일어나지 않습니다. 앞에서 말한 정서선호도는 정서조절의 동기가 되어 뒤따르는 정서 경험에도 영향을 끼칠 수 있습니다.[24] 이런 현상은 쾌락적 접근만으로 이해하기가 힘들기 때문에 도구적 접근이 보완적으로 대두되었습니다.

## 목표가 정서에 영향을 끼친다

이처럼 사람들은 미래의 이득이 즉각적인 이득보다 더 클 때, 도움이 된다면 불쾌한 감정도 선호할 수 있습니다. 행동의 유용함은 사람들이 추구하는 목표가 무엇인가에 달려 있지요. 예를 들어 일찍 일어나는 것이 괴롭고 싫더라도 혼잡한 출퇴근 시간을 피해 남들보다 일찍 출근하기 위해서라면 사람들은 1~2시간 더 일찍 일어나기도 합니다. 정서의 도구적 유용성도 이와 비슷합니다. 우리의 의식적·무의식적 목표가 현재 감정 경험에 영향을 끼치지요.

사람들은 각자 다른 목표를 추구하기 때문에 특정한 상황에서 느끼고 싶어하는 정서도 다양하기 마련입니다. 예를 들어 신경증 수준이 높은 사람은 그렇지 않은 사람에 비해 평소에 위협을 피하려는 동기를 더 강하게 갖는데요,[25] 이때 두려움이나 걱정은 위협적인 무언가로부터 피하는 데 유용할 수 있습니다.[26] 따라서 신경증 수준이 높은 사람은 잠재적 위협을 느낄 때 두려움이나 걱정을 느끼고 싶어할 수 있습니다. 앞에서도 살펴보았듯 신경증 수준이 높은 사람들은 어려운 시험을 보기 전에 걱정을 더 많이 느끼고 싶어했죠. 게다가 그들에게는 그것이 결과에도 좋은 영향을 끼쳤습니다.[27]

또한 외향성이 높은 사람들은 대개 보상과 관련된 대상에 다가가려는 경향을 보이는데요,[28] 행복감이나 신남과 같은 정서는 누군가에게 다가가는 데에 유용합니다.[29] 그러므로 외향성이 높은 사람은 그렇지 않은 사람에 비해 행복감이나 신남을 더욱더 느끼고 싶어할 수 있고, 결과적으로 자주 경험할 가능성이 높습니다. 외향성이 높은 사람들은 실제로 난이도가 높은 시험을 보기 전에도 행복감을 더 느끼고 싶어했습니다.[30]

타미르 박사 연구팀은 타인과 협상하는 상황에서도 정서조절의 도구적 접근이 유용한지 알아보고자 흥미로운 실험을 실시했습니다.[31] 참가자들 절반에게는 집주인, 절반에게는 세입자 역할을 부여한 뒤, 이들을 짝지어 세 집단으로 나누었습니다. 1집단의 주인에게는 세입자에게 즉각 돈을 받아내는 것(갈등)을 목표로, 2집단의 주인에게는 세입자와 장기적 관계를 유지하는 것(협력)을 목표로 정해주었습니다. 통제집단인 3집단에게는 특별한 목표를 요구하지 않았습니다. 협상 실험에 들어가기 전 참가자들에게 여러 가지 샘플 동영상 중 어떤 내용의 동영상을 보길 원하는지, 어떤 종류의 기억을 회상하고 싶은지 선택하도록 했습니다.

예상했던 대로, '협력' 목표를 갖고 있었던 참가자들은 다른 두 집단에 비해 평화로운 내용의 동영상을 보거나 자신이 즐거웠던 기억을 회상하는 것을 선호했습니다. 반면 '갈등' 목표를 부여받은 참가자들은 선호하는 동영상이나 기억이 모두 화를 불러일으키는 내용이었습니다. 갈등하고 맞서야 하는 상황에서 사람들은 '화'를 의식적으로 선택할 수 있다는 것을 보여주는 연구였습니다. 이처럼 사람들은 비록 불쾌한 감정이라 하더라도 특정 목표를 이루는 데에 유용하다면 더 느끼고 싶어할 수 있습니다.

그럼 사람들은 특정 정서가 유용한지를 어떻게 알까요? 특정 맥락에서 어떤 정서가 유용하다는 것을 학습한 사람은 비슷한 상황에 처할 때 그 정서에 대한 선호도가 높아집니다.[32] 그러므로 정서에 대한 선호는 변할 수 있습니다. 내 감정을 적절히 표현해 대인관계가 좋아지거나 당면한 목표를 성공적으로 이루었다고 판단되면 그 감정은 더 많이 느껴지고 더 빈번하게 표현될 수 있습니다. 반면 내가 느끼는 감정을 솔직하게 있는 그대로 표현했다가 예상치 못했던 불리한 경험을 했다면 그와 비슷한 감정은 통제될 수 있습니다. 표현만 하지 않는 것이 아니라 실제로 덜 느낄 수도 있습니다. 정서선호도를 결정하는 데 쾌감과 유용성이 어떻게 작용하는지 간단히 표시해보면 그림 2[33]와 같습니다.

정서조절에 대한 도구적 접근에 따르면, 사람들이 추구하는 목표는 즉각적 이득(즉각적 쾌감)과 장기적 이득(성공적 목표 추구를 위해 지연된 쾌감) 사이의 균형에 영향을 끼칩니다. 즉각적 이득이 장기적 이득보다 큰 경우, 쾌/불쾌가 중요한 결정요인이 됩니다. 그래서 불쾌한 정서는 줄이려 하고 즐거운 정서를 늘리려 합니다. 하지만 장기적 이득이 즉각적 이득보다 클 때에는, 정서의 유용성이 더 강한 결정요인으로 작용해 유용한 정서를 늘리려고 합니다.

**그림 2 | 정서선호도를 결정하는 데 쾌감과 유용성이 갖는 역할**

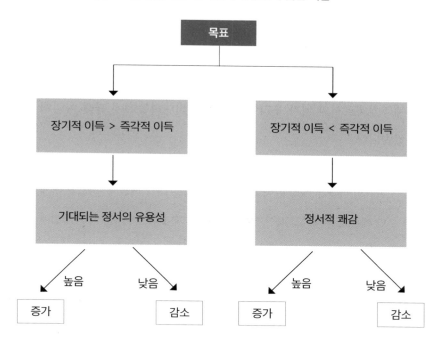

이처럼 정서조절은 생각보다 복잡한 과정입니다. 목표가 영향을 끼친다고는 하지만, 그것이 항상 의식적으로 명확하게 감지되는 것은 아닙니다. 모든 뇌 활동이 그렇듯, 정서의 상당 부분은 알아차리지 못하는 순간에 일어나니까요. 하지만 3장에서 설명했듯 내 감정을 그때그때 알아차리고 구체적으로 분별한다면 많은 도움을 받을 수 있습니다. 지금 이 불편한 느낌이 무엇이고 왜 일어나는지 구체적으로 자각하고 분별하면 통제력이 늘어나지요.

# 감정은 생존 신호다

모나시대학교의 철학자 야콥 호비Jakob Hohwy는 신경과학의 연구 결과들을 철학적으로 풀어낸 저서 《예측하는 마음 The Predictive Mind》에서 예측기계로서의 뇌가 우리에게 무엇을 의미하는지에 관해 이렇게 썼습니다.

> 인간의 마음은 예측 안에 존재한다. 우리는 대개 예측에 능하다. 하지만 예측은 위태하고 불안정한 과정이다. 왜냐하면 우리는 이전 경험에 매여 있고, 뇌는 불완전한 데다가 바깥세상으로부터 불확실한 정보들이 들어오기 때문이다. 게다가 뇌는 이러한 예측오류들을 효율적으로 제거하려고 한다.
>
> 인간의 마음은 이렇게 예측하려는 노력들을 어떻게 다루는가에 따라 만들어진다. 우리는 끊임없이 예측에 적응하고 조절하고 균형을 맞춰야 한다. 우리가 무엇인가를 어떻게 지각하고 얼마나 예상대로 경험하느냐는 이 예측 방식에 달렸다. 예측 시스템에 지속적으로 문제가 생길 경우 정신질환으로 이어질 수 있다.

예측 관리에 계속 실패하면 유기체는 그만큼 생체적응을 하기 어려워지고 생존을 위협받습니다. 그런 의미에서 흔히 감정을 삶을 풍요롭게 해주는 윤활유쯤으로 과소평가하기도 하지만, 그보다는 생존에 직결되는 신호로 보아야 합니다. 나의 몸이 뇌가 보내는 신호를 최대한 정확하게 읽어 그에 맞게 대응하는 것이 가장 좋겠지요. 감정은 때로는 변화가 필요하니 '바꾸라', 위험하니 '피하라', 소중하니 '진심을 다해 열심히 하라'고 얘기해줍니다.

1부에서는 내 마음 읽는 법에 대해 알아보았습니다. 우리가 현재 맺는 관계는 매우 오랜 역사를 담고 있습니다. 어떤 관계에서 일어나는 일들이 꼭 그 한 사람과 현재의 나 때문이라고만은 보기 어렵습니다. 바로 이전의 관계, 그 이전의 관계……, 그리고 부모와의 관계와 연결되어 있지요. 부모가 나와 관계 맺는 방식은 부모가 다른 사람과 맺어온 관계 경험에서 비롯되고요. 그들의 부모, 즉 나의 조부모와도 관련이 있겠지요.

1, 2장에서 다룬 자기분화와 애착은 무척 오랜 역사를 가지고 있기 때문에 그 패턴과 양상을 알아차렸다고 해서 곧바로 변화시키기는 쉽지 않습니다. 관계가 그래서 어렵습니다. 처음 만나는 사람이라고 해도 이미 내 안에 들어 있는 작동 모델에 따라 관계를 맺는 것이지요. 내 기준을 끌어다가 타인에게 들이대어 이러쿵저러쿵 판단하면서도 우리는 그 사람이 이상하다고 말합니다.

3, 4장에서 만나본 정서는 '나', 그리고 타인과 세상에 관한 정보를 담고 있습니다. 정서를 잘 이해하고 다루는 것은 우리가 한 사람으로 온전하게 살아가는 데 굉장히 중요합니다. 특히 나의 욕구와 소망을 잘 파악하고 상대에게 적절히 표현해 원활한 대인관

계를 맺고 사회생활을 해나가는 데 직접적으로 영향을 끼칩니다. 앞에서 살펴보았듯, 감정을 경험하고 표현하는 수준에는 상당한 개인차가 존재합니다. 어떤 사람은 별다른 훈련 없이도 자신의 감정에 솔직하고 효과적으로 그것을 전달하는 반면, 어떤 사람은 내가 지금 어떤 감정 상태인지 잘 느끼지 못하거나, 알고 있더라도 제대로 표현하지 못해 오해를 받거나 갈등을 빚습니다. 이러한 차이는 지금까지 살펴보았듯 성장 환경이나 출생 순서를 비롯한 가족 내에서 오랫동안 맡아온 역할에서 비롯되는 것일 수 있고, 타고난 기질이나 성격 차이 때문일 수도 있습니다. 중요한 것은 변화 가능한 것, 우리가 개선할 수 있는 것이 무엇인가 하는 점이겠지요.

2부에서는 우리가 좀 더 직접적으로 키울 수 있는 능력들을 살펴보려고 합니다. 관계와 감정을 회복하며 삶을 탄탄하게 구축할 수 있게 하는 힘이라고 할 수 있지요. 최근 심리학은 물론 삶의 여러 영역에서 크게 주목받고 있는 '마음챙김mindfulness'과 '자기자비self-compassion', 그리고 '조망수용'에 관해 알아볼 것입니다.

4장 앞부분에 제시한 그림 1은 무엇일까요? 정답은 그림 3, 우리 뇌의 일부였어요.

**그림 3** | 질문의 답, 인간의 뇌

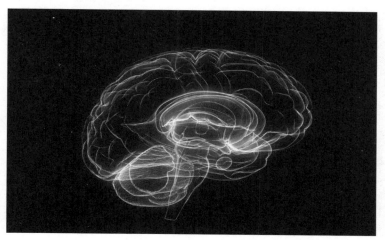

# "마음이 탄탄한 사람은 행복합니다"

인간의 몸으로 사는 것은 쉽지 않다.

하지만 우리는 다행히도 거기에 필요한

조건들을 타고났다.

바로 알아차림과 자비다.

_크리스토퍼 거머

# 삶을 탄탄하게 구축하는 법

## 관계와 감정의 회복을 향하여

Psychology for life

# 5장

# 감정에 쓸려가지 않게

# 닻을 내리는 법

## 나를 바꾸는 마음도구 1. 마음챙김

이 순간을 온전히 살고 싶은 당신에게

우울, 불안, 소진에 대처하는

마음근육을 키우세요

마음챙김이란 무언가를 경험하면서,
그것을 경험하고 있다는 것을 아는 것이다.

_기 암스트롱[1]

두려움을 느끼거나 분노가 치밀어오르거나 섭섭함이 밀려오면 순간적으로 어떤 말이나 행동을 하고 나서 후회할 때가 있습니다. 처음에는 다 상대방 탓이라고 생각하다가 시간이 지나면서 내게도 잘못이 있었음을 깨닫기도 하지요. '그때 내가 왜 그랬을까?' 안타까워하며 시간을 뒤로 돌리고 싶었던 적은 없었나요? 왜 그때는 보이지 않았던 것들이 나중에야 보이는 것일까요? 내 마음에 일어나는 것을 그때그때 알아차리는 법은 없을까요?

오늘날 미국과 캐나다를 비롯한 서구 곳곳에서 '마음챙김'에 대한 관심은 대단합니다. 스트레스나 만성통증을 줄이기 위해, 또는 우울이나 불안 등을 가라앉히기 위해 마음챙김에 기반을 둔 심리치료 프로그램을 찾는 사람들이 많아졌습니다. 주말에는 한적한 곳으로 물러나 명상센터를 찾기도 합니다. 마음챙김 훈련이 직장인의 스트레스를 낮추고 업무 효율을 높인다는 연구 결과들이 발표되면서 구글과 애플, 페이스북 등 미국 실리콘밸리의 테크놀로지 주도 기업에서 직원들의 창의력과 통찰력을 높일 목적으로 마음챙김을 활발히 도입하고 있다는 것은 널리 알려진 사실이죠.[2] 이런 경향이 포춘 500대 기업을 중심으로 확산되면서 실리콘밸리에는 '위즈덤 2.0 컨퍼런스'라는 마음 회복 프로그램도 생겼습니다. 미국에는 학생들에게 틈틈이 마음챙김 명상을 하도록 시간을 따로 정해둔 학교들도 있을 정도입니다.[3]

# 마음챙김, 오해에서 이해로

하지만 이렇게 대중적인 인기를 얻고 유행하면서 마음챙김을 마치 모든 것을 치유할 수 있는 대단한 능력처럼 여기거나, 영적인 세계로 통하는 초월적이고 어려운 개념으로 생각하는 경우도 있습니다. 한편으로 이런 오해들을 바로잡으려는 전문가들의 목소리도 함께 높아지고 있고요.

마음챙김을 심리치료에 접목해온 대표적 이론가이자 임상심리학자인 크리스토퍼 거머Christopher Germer[4]에 따르면, "마음챙김은 휴식이나 종교가 아닙니다. 일상의 삶을 초월하는 어떤 것도 아니며, 생각을 비우는 것도 아닙니다". 거머 박사는 마음챙김을 "상황이 힘들 때에도 우리 몸에 안전하게 닻을 내릴 수 있도록 해주는 특별한 종류의 알아차림"이라고 설명합니다.

어느 날 갑자기 우리는 회사에서 해고당할 수 있고, 사랑하는 사람을 잃을 수 있으며, 사고로 몸을 다칠 수도 있습니다. 누군가의 말에 상처를 받거나, 때로는 나 자신에게 실망하고 자책하며 고통스러워하기도 합니다. 이처럼 부정적인 감정을 일으키는 일을 우리는 대체로 피하려고 합니다. 안 보려고 회피하거나 거기서 빨리 빠져나오려고 서두르면서 고통이 생기지요. 스토아철학자들이 말했듯, 인간에게 고통을 주는 것은 벌어진 일 그 자체가 아니라 그 일에 대한 생각입니다. 뜻대로 되지 않고 예측하지 못했던 곤란한 일들이 일어나면 우리는 마음이 불편해지고 불안해집니다. 하지만 마음챙김이 잘되어 있으면, 이처럼 불쾌하고 불편한 경험에 대한 저항이 줄어들고, 있는 그대로 받아들이는 여유가 생깁니다.

마음챙김은 무엇이며 어떻게 하는 것일까요? 이에 대한 답을 얻기 위해 우선 거머 박사가 정리한 마음챙김에 대한 오해부터 살펴보겠습니다.

## 1. 마음챙김은 휴식이 아닙니다

몇 년 전부터 한국에서는 '힐링'이라는 말이 유행하고 있습니다. 많은 분이 일상에서 벗어나 좋은 곳에 가서 맛있는 음식을 먹으며 푹 쉬고 싶어합니다. 혼자서 걷기 여행을 떠나거나 템플스테이를 찾기도 합니다. 이와 비슷하게 모든 것을 내려놓고 쉬는 것이 마음챙김이라고 생각하는 사람도 있습니다. 하지만 마음챙김은 이런 휴식과는 전혀 다릅니다. 항상 편안하고 즐거운 마음을 갖고 싶다면 마음챙김을 하기 어렵습니다. 마음챙김은 마음에 오고 가는 것을 있는 그대로 알아차리는 것입니다. 그러니 때로는 불편하고 불쾌한 것도 만나게 되지요. 당장 집에 불이 났다고 생각해보세요. 화재를 피해 다른 곳에 가서 쉬는 것을 선택할까요? 그보다는 얼른 불을 끄고, 무엇이 화재를 일으켰는지 알아본 다음 다시는 그런 일이 발생하지 않도록 대비하는 것이 적절하겠지요. 이처럼 우리가 곤란한 상황에 처하거나 힘든 일을 겪게 될 때에 평소 마음챙김이 잘되어 있다면 비교적 잘 넘어갈 수 있습니다. 우리 자신에 관해 더 많이 알수록 우리 안에서 일어나는 느낌에 덜 놀랍니다. 내면의 경험에 즉각적인 반응을 덜 하게 되어 잠시 감정적으로 휘몰아치더라도 그것을 알아차리고 더 쉽게 흘러가게 할 수 있습니다.

## 2. 마음챙김은 종교가 아닙니다

마음챙김은 2,500년 전부터 불교 승려들이나 수행자들이 훈련해 온 방식입니다. 하지만 특정 종교에 국한된 방법은 결코 아닙니다. 그렇기 때문에 종교가 있든 없든, 종교가 무엇이든 상관없이 서구에서는 마음챙김에 관심을 갖고 훈련하려는 사람이 많아지는 것이겠지요. 실시간 경험에 대한 알아차림을 높이려는 의도적 행위는 그 이름을 뭐라고 붙이든 모두 마음챙김 훈련에 해당합니다. 우리는 마음챙김을 종교와 무관하게 자유롭게 할 수 있습니다. 현대의 임상심리학에서도 마음챙김은 심리치료의 중요한 치료적 요소로 간주하고 있습니다.

## 3. 마음챙김은 일상을 초월하는 것이 아닙니다

마음챙김은 오히려 우리 일상의 매 순간에 아주 가깝게 접촉하는 것입니다. 마음챙김과 같은 알아차림 상태라면 단순한 것이 매우 특별해질 수 있습니다. 예를 들어, 음식의 맛이나 꽃의 색깔도 우리가 거기에 주의를 기울이면 훨씬 강렬하게 느껴집니다. 마음챙김은 어떤 것을 더 온전히, 충만하게 경험하는 것이지 일상에서 벗어나 다른 것을 경험하는 것이 아닙니다.

## 4. 마음챙김은 생각을 비우는 것이 아닙니다

뇌는 항상 생각을 만들어냅니다. 마음챙김은 우리 마음이 어떻게 작동하는지 더 깊이 이해함으로써 생각과 느낌들을 더 조화롭게 발전시킵니다. 생각을 적게 하는 것처럼 느껴지는 이유는 생각들과 싸우지 않고 내버려두기 때문입니다.

## 5. 마음챙김은 어렵지 않습니다

마음챙김을 처음 하는 사람들은 산만한 생각들 때문에 좌절하곤 합니다. 하지만 마음이 한곳에 머물지 못하고 이리저리 헤매는 것을 너무 걱정할 필요는 없습니다. 그것이 마음의 본성이니까요. 아이러니하게도 우리가 마음챙김이 잘 안 된다고, 금세 또 딴생각을 하고 있다고 자책하는 순간이 마음챙김을 하는 순간입니다. 완벽한 마음챙김은 불가능합니다. 그래서 마음챙김 '훈련'이나 '연습'이라고 부르는 것입니다.

## 6. 마음챙김은 고통으로부터 도망치는 것이 아닙니다

흔히 마음챙김 훈련을 하다 보면 더 행복해질 것이라 기대합니다. 앞에서도 말했듯, 마음챙김은 우리를 즐겁게 해주는 것과는 거리가 멉니다. 다만 고통이나 불쾌함에서 도망치지 않고 다스리는 법을 알려주죠. 고통은 성난 황소와 같아서 좁은 우리에 집어넣으면 이리저리 날뛰며 도망치려 합니다. 하지만 우리의 문을 활짝 열어놓으면 도리어 진정되고 차분해집니다. 마음챙김은 마음 안에 이런 공간을 만들어줍니다. 고통 그 자체를 없애거나 피하는 것이 아니라, 고통에 대한 나의 반응을 바꾸게 되는 것이죠. 고통에 짓눌리거나 압도되지 않고 잘 대처할 수 있게 하는 힘을 키운다고 할까요.

## 마음챙김의 간략한 역사

우리말로 '마음챙김'이라고 번역하는 '마인드풀니스'는 고대 인도어의 일종인 팔리어 '사띠sati'를 영어로 옮긴 것입니다. 본래 사띠는 알아차리기awareness, 주의하기attention, 기억하기remembering 등의 의미를 포함[5]하는데, 한마디로 마음을 다해서 알아차리는 것[6]을 말합니다. 그래서 현대의 심리학자들은 마음챙김, 알아차림, 주의를 혼용해왔습니다. 하지만 엄밀히 말해 이것들은 서로 각각 조금씩 다른 작용입니다. 어떻게 다른지 살펴볼까요?

초기 불교에서는 명상할 때 일어나는 마음의 메커니즘을 매우 세밀하게 나눠 설명했습니다. 내 마음에 무엇이 일어나는지 알아차리는 것은 어떤 과정을 거칠까요? 우선 '주의'가 가야겠죠. 과중한 업무 앞에서 내가 느끼는 부담에게든, 갑자기 날아든 파리에게든 말입니다. 불교에서는 마음이 이처럼 어떤 대상을 향하고(주의), 그 대상을 붙들게 되고(마음챙김), 그런 뒤에야 그 대상이 무엇인지 분명히 알게 된다(알아차림)고 설명합니다. 주의를 기울여야 마음챙김을 할 수 있고, 마음챙김을 해야 알아차린다는 말이죠.

혹시 옛날 우유 광고에 자주 등장하던 왕관 모양 기억하세요? 우유 방울이 우유에 떨어질 때, 맨눈으로는 볼 수 없지만 초고속 촬영 화면으로는 우유 표면이 마치 왕관 모양으로 튀어오르는 모습을 볼 수 있지요. 그와 비슷해요. 일상에서 우리는 내가 무엇에 주의를 기울이는지, 내 마음이 무엇을 붙들고 있는지 잘 의식하지 못한 채 허둥지둥 살아가지만, 명상을 하다 보면 못 보던 것들을 포착해 알아차리게 됩니다. '사띠'는 이 과정을 설명하면서 나온 용어입니다. 마음의 고통을 만들어내는 내면의 과정을 정확하고 세밀하게 관찰해야 한다고 본 것이죠.

사띠는 인간이 괴로움을 끊기 위한 방법으로 붓다가 제시한 팔정도八正道 중 하나입니다. 참고로 팔정도란 쾌락을 추구하는 것도 고행으로 자기 자신을 괴롭히는 것도 아닌, 그 양극단을 떠나 있다는 의미의 중도中道를 말합니다. 팔정도에는 바른 견해, 바른 사유, 바른 말, 바른 행동, 바른 생활, 바른 노력, 바른 새김(사띠), 바른 정신통일 등이 포함되죠.[7] 불교에서는 끊임없이 자신의 몸과 느낌, 마음, 법dharma을 염두에 두어 관찰하는 수행법들을 체계적으로 제시하는데, 지면의 한계로 이 책에서는 설명하기 힘들겠네요.

물론 심리학에서 말하는 마음챙김은 위와 같은 본래의 의미를 다 담지 못합니다. 오랜 기간에 걸쳐 체계적으로 형성된 불교의 수행 원리를 수행 경험이 없는 일반인이 일상에서 간단하게 적용하는 것은 가능하지도 않겠지요. 따라서 마음챙김은 불교적 뿌리를 갖지만, 현대에 이르러 심리학이라는 장에서 많은 변화를 겪고 있다고 보아야 합니다. 싱가폴국립대학교의 임상심리학자 시안링 켕 Shian-Ling Keng 등은 마음챙김에 대한 서구 심리학의 개념과 불교적 개념은 적어도 세 가지 차원에서 차이점이 있다고 말합니다.[8]

우선 맥락의 차이입니다. 불교 전통에서 마음챙김은 고통에서 해방되기 위해 필요한, 서로 연결된 훈련 시스템 중 한 요소로 간주합니다. 그러므로 마음챙김 훈련은 계율에 따른 삶의 방식을 비롯한 다른 영적 훈련과 동반해서 이루어져야 합니다. 반면 현대에 서구에서부터 널리 유행하는 마음챙김은 대체로 어떤 철학이나 종교, 윤리 체계에 국한되지 않는 독립적인 것으로 간주됩니다. 굳이 불교적 가치관이나 철학을 받아들이지 않고도 마음챙김을 충분히 훈련하고 체득할 수 있다고 보는 것이지요.

둘째, 과정의 차이입니다. 불교에서 마음챙김은 무상無常, 무아無我, 고통 등 부처가 설파한 중요한 가르침에 기반을 두고 있습니다. 예를 들어, 마음챙김에 관한 중요한 경전 중 하나인《사띠빳타나경Satipatthana Sutta》에서 부처는 신체기능, 감각, 느낌과 의식, 의식의 내용 등의 무상한 본성을 명확히 바라보며 마음챙김을 유지할 것을 권했습니다. 반면 서구의 마음챙김 훈련들은 무아나 무상을 그만큼 강조하지는 않습니다.

마지막으로 마음챙김의 내용입니다. 초기 불교의 가르침에서 마음챙김은 자신의 몸과 마음에서 일어나는 경험을 자기성찰적으로 알아차림에 집중됩니다. 반면 현대 서구의 마음챙김 개념은 자신의 내부뿐만 아니라 바깥세상의 모든 대상을 포함합니다. 물론

우리가 만나는 외부 대상들이 우리 내면과 무관하게 경험되지는 않습니다. 하지만 불교적 가르침에서 마음챙김이 근본적으로 자신의 지각과 감각적 대상에 대한 반응을 관찰하는 것을 뜻한다면, 서구의 마음챙김에서는 꼭 내면의 주제만을 그 대상으로 삼지는 않습니다.

## 심리학에서 얘기하는 마음챙김

심리학에서 일컫는 마음챙김이라고 해서 단일하게 정의된 개념이 있는 것은 아닙니다. 임상심리학과 인지심리학, 조직심리학, 행동경제학 등에 이르기까지 다양한 분야에서 논의되고 있는 마음챙김은 연구자와 임상가의 연구 목적과 철학에 따라 조금씩 다른 의미로 쓰여왔습니다.

우선 '마음챙김의 어머니'로 일컬어지는 하버드대학교의 심리학과 교수 엘렌 랭어Ellen Langer[9]는 마음챙김을 "새로운 것들을 능동적으로 알아차리는 과정"이라고 정의합니다.[10] 이처럼 '외부'에서 들어오는 지각적 대상에 대한 능동적인 '인지' 과정으로 마음챙김을 바라본 것에 반해, 마음챙김을 치료적 개입에 접목한 선구자로 꼽히는 존 카밧진John Kabat-Zinn은 "현재 순간에 의도적으로 주의를 집중하고, 매 순간의 경험을 비판단적으로 수용하면서 일

어나는 알아차림"이라고 했습니다. [11]

한편 마음챙김이 명상과 무관하게 자연스럽게 나타나는 특성이며 개인차가 있는 특질이라고 보는 커크 워런 브라운Kirk Warren Brown과 리처드 라이언Richard Ryan[12]은 현재 몸 안팎에서 일어나는 사건과 경험에 대한 '열린 주의receptive attention'와 '알아차림'이라고 정의합니다.

또 스콧 비숍Scott Bishop 등은 '주의의 자기조절'과 '현재 경험 지향'이라는 두 가지 요인으로 구성된다는 마음챙김에 관한 2요인 모델을 주장하면서, "주의의 장에 일어나는 생각·느낌·감각을 있는 그대로 인정하고 받아들이는, 일종의 정교화되지 않고 판단되지 않은 현재 중심의 알아차림"[13]이라고 설명합니다. 풀어 말하면, 현재 일어나고 있는 생각·느낌·감각 등을 지속적으로 주의해 알아차리되, 그중 무언가에 붙들려 그것과 관련된 것들을 연상하면서 정교화하려는 자동적인 경향을 멈추는 것을 뜻합니다.

어렵고 복잡하게 들리나요? 심리학자들도 정의를 다양하게 내리고, 그래서 연구 결과도 매우 주의해서 해석해야 하는 어려움이 있지만, 우리에게 중요한 문제는 일상에서 마음챙김에 어떻게 다가가 활용할 것인가 하는 것이겠지요.

서구 의학과 심리학 분야에서는 1950년대와 1960년대에 미국에서 선불교禪佛敎가 유행하면서 마음챙김이 뿌리를 내리기 시작했습니다. [14] 1950년대에 선불교에 관한 책이 널리 퍼지면서 1960년대의 정신분석가들 사이에서 심리치료에 명상적 기법을 도입하는 흐름이 시작됐지요.[15] 1960년대와 1970년대에는 명상을 비롯해 의식의 경계를 넓히는 알아차림의 다양한 방법에 관한 실험심리학 연구들이 늘어났습니다. 하지만 마음챙김이 건강을 증진시키기 위한 직접적 방법으로 연구되기 시작한 것은 1970년대 후반에 들어서였습니다. 이때 임상적 문제를 해결하기 위한 치료적 개입의 형태로 만들어진 최초의 프로그램이 MBSR Mindfulness-Based Stress Reduction(마음챙김 명상에 기반한 스트레스 완화)입니다. 불교 명상법에서 일반인들이 받아들이기 쉽고 적합한 것을 선별하여 재구성했기 때문에 종교에 상관없이 누구나 참가할 수 있습니다. 이후 MBCT,[16] DBT,[17] ACT[18] 등의 심리치료법이 등장했습니다. 현재 마음챙김은 심리 치료와 상담 분야에서 중요하게 다뤄지는 개념 중 하나가 되었습니다.


## 마음챙김 명상에 기반한 스트레스 완화

이제 가장 대표적인 마음챙김 훈련법을 살펴보려고 해요. 정확히 말하면 '마음챙김 명상 프로그램'인데, 마음챙김이라는 말에는 '명상'이라는 말이 잘 따라오기 때문에 마음챙김을 명상의 한 종류로만 오해할까 봐 짚고 넘어갈게요. 앞에서 마음챙김의 기원을 설명하면서 말했듯, 본래 초기 불교 수행론에서 나온 말이 마음챙김이지만, 그렇다고 해서 정식 명상을 통해서만 마음챙김을 할 수 있는 것은 아닙니다. '마음챙김을 하는 가장 대표적인 방법이 명상이다'라고 생각하면 됩니다.

MBSR은 본래 병원에서 만성적 고통을 겪고 있는 환자들을 위해 존 카밧진[19]이 고안한 집단치료 프로그램입니다. 이 프로그램은 자신의 신체적·정신적 상태에 대해 좋다 싫다 판단하지 않고 있는 그대로 받아들이게 하기 위해 마음챙김 명상을 집중적으로 훈련합니다.

존 카밧진의 마음챙김센터 홈페이지에 소개된 MBSR 프로그램의 내용을 요약하면 다음과 같습니다.[20]

MBSR은 8주간 15~40명 규모로 구성된 집단이 자격을 갖춘 MBSR 운영자에게 수업을 받듯이 진행됩니다. 매주 1회, 한 번에 2시간 반~3시간 반 동안 이루어지며, 첫 시간은 3시간 정도, 2회에서 7회까지는 2시간 반 정도, 최종회는 3시간 반 정도로 배정되어 있습니다. 그리고 6주째에는 7시간 반 동안, 온종일 침묵 속에서 수련하는 종일명상으로 진행됩니다. 프로그램은 크게 네 가지 공식 명상과 세 가지 비공식 명상으로 구성되어 있습니다.

공식 명상으로는 반듯이 누워서 몸 구석구석의 감각을 느끼는 보디스캔 명상, 몸을 알아차릴 수 있게 준비시키는 하타요가, 호흡·몸·감정·생각 등을 선택하지 않고 무비판적choiceless 알아차림을 하는 정좌명상, 마지막으로 걷기명상이 있습니다. 그리고 일상생활을 하면서 날마다 하도록 권하는 비공식 명상으로 즐거운 일과 불쾌한 일에 대해 알아차리기, 호흡 알아차리기, 먹기, 운전하기, 걷기, 사람들과 의사소통하기, 날씨 같은 일상적 일들이나 활동에 대해 알아차리기 등을 추천합니다.

총 8주에 걸쳐 주 6일간 과제를 해야 하는데, 하루에 최소 45분간의 공식 마음챙김 명상과 5~15분간의 비공식 마음챙김 명상을 할 것을 권장합니다. 수업 형태로 이루어지는 것은 8주간 총 30시간 정도이지만, 이 기간 동안 과제를 수행하는 데에는 최소 42~48시간이 소요됩니다. 배우는 것도 중요하지만 직접 익혀서 새로운 습관이 몸에 배도록 해야 하기 때문에 과제를 꾸준히 하고 집단 내에서 서로의 경험을 나누는 것이 중요하다고 합니다. 강도 높은 훈련 프로그램인 셈이죠!

끝까지 해내기는 힘이 들지만, 실제로 참가했던 사람들은 다양한 효과를 경험했습니다.[21] 불안이나 우울, 분노와 스트레스 등 심리적 문제가 개선되기도 했고, 외상후스트레스장애와 병으로 고통받던 신체적 증상이 나아진 사례도 많았습니다. 또한 공감이나 자비심, 용서하는 마음 등 긍정적인 정서 경험이 더 늘어났다는 보고도 있었습니다.

**2부** | 삶을 탄탄하게 구축하는 법

# 마음챙김은 나에게 어떻게 도움이 될까?

마음챙김의 효과와 그 원리를 알아보기 위해 그간 많은 연구가 이루어졌습니다. 가장 많이 언급되는 효과는 메타인지metacognition 능력이 향상되어 생각이 유연해진다는 것입니다. 억압하거나 피하지 않고 드러내므로 특정한 것에 심한 불안이나 공포를 느꼈던 사람들이 더 이상 과민반응하지 않게 되기도 했습니다. 집착이 줄어들고 상황에 관계없이 평정심이 늘어난다는 결과도 있습니다. 하나하나의 의미를 살펴볼까요?

## 1. 메타인지 능력이 향상되어 생각이 유연해진다

마음챙김 훈련은 자신의 생각과 감정을 그대로 현실로 간주해 그 안에 매몰되고 집착하는 것이 아니라, 거기에서 한발 물러나게 해줍니다. '생각은 생각'대로 '감정은 감정'대로 보면서 전체 맥락 속에서 흘러가는 사건 하나로 이해하는 메타인지 능력을 길러줍니다.[22]

우리가 어떤 부정적인 감정이나 생각에 사로잡혀 같은 생각만 여러 번 하는 것을 '반추rumination'라고 하는데, 반추는 우울증을 비롯한 여러 가지 심리적 문제와 관련이 높습니다.[23] 누가 나한테 부정적인 얘기를 했거나, 기분 나빴던 상황을 계속 떠올리면서 그 생각에 사로잡히는 경우가 있지요. 이것이 반추인데요, 우울증이 있는 사람일수록 반추하는 경향이 높고, 거꾸로 반추를 많이 하면 우울 증상이 심해지기도 합니다.

산타클라라대학교의 임상심리학자 쇼나 셔피로Shauna Shapiro 의 연구팀은 몸을 편안히 쉬게 해주는 휴식 집단과 마음챙김 명상을 한 집단을 비교하는 실험연구를 실시했습니다. 두 집단의 참가자들 모두 실험을 통해 기분이 좋아지는 결과를 얻었지만, 반추하는 경향이나 회피적 행동과 생각이 줄어드는 효과는 마음챙김 명상 집단의 참가자에게서만 나타났습니다.[24]

이렇게 메타인지 능력이 좋아질수록 안 좋은 과거를 계속 떠올리는 반추나 강박 등을 포함하는 자동적·습관적 사고 패턴을 그만두게 되어 더욱 건강한 몸과 마음의 상태를 유지할 수 있습니다.[25] 심한 우울 증상도 개선될 수 있습니다.[26]

마음챙김 훈련을 하다 보면 위협적인 생각이나 감정을 회피하지 않고 정면으로 받아들일 수 있습니다. 따라서 감정에 압도되지 않아 상황에 맞게 더 적절한 행동을 선택할 수 있습니다. 불쑥 튀어나온 감정을 감당하지 못해 거친 말과 행동으로 가족이나 친구에게 상처 주는 일이 잦다거나, 기분이 별로 좋지 않을 때 술을 마시거나 폭식을 하거나 쇼핑하는 습관이 있다면, 마음챙김은 더 나은 선택을 하도록 도와줄 수 있습니다.

## 2. 억압하거나 피하지 않고 드러낸다

마음챙김 훈련의 대표적 효과로 거론되는 그다음 요소는 이른바 '둔감화desensitization' 또는 '탈민감화'입니다.[27] 마음챙김은 나의 내면과 외부 현상을 모두 있는 그대로 '명확히 보는 것'입니다. 그래서 과거에 지나치게 무서워하거나 불안해하거나 싫어했던 것에 덜 민감하게 반응하지요. 또한 감정적으로 과잉 대응하던 것을 줄여주고, 불쾌한 상태에 대한 수용성과 인내력을 높여주어 정서를 좀 더 효과적으로 조절하게 해줍니다.[28] 따라서 과거에는 불쾌하거나 맞닥뜨리고 싶지 않아 피했던 것도 점차 받아들일 수 있습니다.[29]

## 3. 집착이 줄어들고 평정심이 늘어난다

우리는 종종 자신에게 없는 것을 갈구하고 얻으려 합니다. 반면 지금 내 눈앞에 있는 사람이나 대상을 미워하거나 싫어하면서 좀 없어졌으면 하고 바라기도 하지요. 불교에서는 이처럼 실제 상태를 받아들이지 않고 바꾸려는 집착에서 고통이 비롯된다고 말합니다.[30] 마음챙김은 피하거나 통제하거나 바꾸려는 마음과 반대로, 있는 그대로 받아들이려는 마음을 길러주기 때문에 집착을 줄여줍니다. 이렇게 마음챙김으로 집착하는 마음이 줄어들면 상황에 따라 기분이 요동치는 일도 줄어듭니다. 일이 뜻대로 돌아가지 않거나 실패하고 좌절했을 때에도 평정심을 유지하는 힘이 커집니다.[31]

# 명상이 '뇌'를 바꾼다

최근 20여 년에 걸쳐 마음챙김 훈련이 몸과 마음의 전반적 기능을 개선시키는 효과가 있다는 것이 폭넓게 입증되어왔습니다. 마음챙김이 잘되는 사람들은 자기조절 행동이 잘되고 긍정적인 정서를 더 많이 경험했으며, 마음챙김 수준을 높이는 임상적 개입을 받은 암환자들의 경우 기분장애와 스트레스가 감소했다는 연구 결과가 있습니다.[32] 단기 마음챙김 명상 프로그램에 참가한 사람의 면역 기능이 높아졌다는 결과도 있지요.[33] 날마다 30분 이상씩 최소 3년 이상 마음챙김 명상을 한 사람들에게서 휴식 시 분당 호흡수resting respiration rate가 안정적으로 낮게 나온다는 사실도 관찰되었습니다 (휴식 시 분당 호흡수는 심리적·신체적 건강 상태를 보여주는 중요한 지표 중 하나로, 낮은 것이 좋습니다).[34]

한편 오랫동안 날마다 명상을 하면 뇌의 일부분이 두꺼워진다는 사실도 관찰되었습니다. 하버드대학교의 신경과학자 자라 라자 Sara Lazar 연구팀은 2005년, 명상이 실제로 대뇌피질을 증가시킨다는 피질의 가소성에 대한 과학적 증거를 최초로 제시했습니다.[35] 이전의 연구들은 오랜 기간의 명상이 휴식 시 뇌전도 패턴을 변화시켜 뇌 활동에 영구적인 변화를 가져온다고 '추측'해왔습니다.

하지만 라자 박사 연구팀에 따르면, 지속적인 명상은 뇌의 구조에 말 그대로 '물리적' 변화를 일으킵니다. 마음챙김 명상과 같은 통찰명상insight meditation을 해온 참가자 20명의 뇌를 자기공명영상MRI으로 조영한 결과, 전전두피질prefrontal cortex의 일부와 우반구 전방섬엽anterior insula이 일반인보다 훨씬 두껍다는 사실이 밝혀졌습니다.

이 영역들은 주의 집중과 몸의 생리적 상태를 알아차리는 내부감각과 관련이 깊습니다. 그러니 이 영역이 두꺼워졌다는 것은 주의의 안정성과 내부감각 지각 능력이 높아졌다는 얘기죠. 또한 나이가 들면서 대뇌피질은 일반적으로 얇아지는데 명상이 이를 상쇄하는 효과가 있다고도 볼 수 있습니다. 라자 박사는 이후 명상 경험이 거의 없는 사람들에게 8주간의 MBSR 훈련을 했더니 학습과 기억 처리, 정서조절, 조망수용과 관련이 있는 뇌 영역에서 회백질gray matter의 밀도가 높아졌다는 연구 결과를 발표하기도 했습니다.[36]

명상이나 요가가 뇌에 끼치는 영향에 관한 연구로 유명한 라자 박사는 20년 가까이 요가와 명상을 해온 경험자입니다. 하지만 시작은 우연이었습니다. 박사는 친구와 함께 보스톤마라톤대회에 출전하기 위해 훈련을 하고 있었는데, 연습 중에 그만 부상을 크게 입었습니다. 박사는 부상에서 회복하기 위해 요가를 시작했고, 자연스럽게 마음챙김 명상을 접하게 되었다고 합니다. 라자 박사는 그때를 회상하며 이렇게 말했습니다.[37]

"마음챙김을 하면서 내 뇌에 분명히 뭔가 변화가 일어났어요.

예전에 보지 못했던 것을 보고 있었죠. 그리고 나를 화나게 했던 것들에 덜 반응하게 되었어요."

　박사는 자신의 경험을 통해 명상이 가져다준 세 가지 이득을 소개합니다.

## 1. 나 자신을 이해함으로써 다른 사람을 더 잘 이해하게 된다

"명상은 최소한의 의식적 생각과 정서, 또는 너무나 조용해서 잘 알아차리기 힘든 감정과 생각을 알아차리는 데 도움을 줍니다. 우리는 평소에 어떤 감정과 생각을 갖고 있었는지 알아차리지 못한 채 하루를, 일주일을 보내지요. 알아차리지 못하는 사이에 경험하는 것은 많습니다. 작은 생각들, 작은 감정들이 내 안에 있다는 것을 더 잘 알게 되면 다른 사람 안에 있는 것들도 잘 이해할 수 있습니다."

## 2. 정서적 힘이 커진다

"나 자신의 정서 상태에 대해 더욱 확고한 이미지를 갖게 되면, 각각의 개별 감정에 덜 흔들립니다. 정서는 우리에게 더 많은 정보를 가져다줍니다. 정보는 우리에게 힘이 되지요. 잘 알게 될수록 '이 정서는 지금 별로 도움이 되지 않아' 하고 조절하는 능력도 늘어납니다."

### 3. 스트레스에 덜 민감해진다

"스트레스를 덜 받으면 내 주위의 웅성거림에 덜 붙들리고, 무모하고 성급한 결정을 덜 내립니다. 명상을 20년간 해온 나도 가끔은 스트레스를 받습니다. 하지만 웬만해서는 잘 안 받습니다."

라자 박사가 초심자에게 권하는 마음챙김 방법은 간단해요.

야구도 여러 번 해야 잘할 수 있듯이, 마음챙김을 처음 접할 때에는 굉장히 어렵게 느껴질 수 있지만 연습을 반복하면 잘할 수 있습니다. 우선 하나의 대상을 정하세요. 꼭 그럴 필요는 없지만, 많은 사람은 대개 호흡으로 시작합니다. 호흡명상을 하다 보면 곧 지루해져서 마음이 여기저기로 헤매기 시작합니다. 그러면 '아, 내 마음이 헤매고 있구나' 알아차리고 다시 호흡으로 돌아오면 됩니다.

야구를 하려면 공과 방망이가 필요하듯 마음챙김 명상에서도 단 두 가지가 필요합니다. '주의'와 내 생각에 대해 알아차리는 '메타인지'입니다. 주의는 집중하도록 도와주고 메타인지는 최소한의 의식적 내용들을 모두 보게 해줍니다. 사람들은 이렇게 생각하지요. '이거 지루한데.' 하지만 또 뭐가 일어나지요? 그 뒤로 잇따르는 작은 생각과 감정들을 알아차리기 시작합니다. 생각과 감정은 늘 일어나죠. 하지만 80~90퍼센트는 놓치고 있었어요. 우리는 마음챙김을 하면서 예전에는 결코 볼 수 없었던 많은 것을 보게 됩니다.

라자 박사는 마음챙김 명상 외에도 건강을 위해 할 수 있는 것들은 많다면서, 마음챙김을 모든 문제의 해결책처럼 말하는 것은 위험하다고 덧붙입니다. "마음챙김은 주의력과 메타인지를 높이는 겁니다. 아주 현실적으로 도움이 되는 것들을 얻을 수 있지요. 자신을 초월하는 대단한 사람이 되라는 게 아니에요."

## 마음챙김과 '그냥 쉬는 것'은 어떻게 다를까?

한편 카네기멜론대학교의 데이비드 크레스웰David Creswell 교수는 마음챙김 명상이 우리가 그냥 쉬는 것과 어떻게 다른 효과를 뇌에 일으키는지 알아보고 싶었습니다.[38] 크레스웰 연구팀은 남녀 참가자 35명을 두 집단으로 나누어 3일간 함께 지내게 했습니다. 한쪽 집단 참가자들에게는 마음챙김 훈련을 시키고, 다른 쪽 집단 참가자들에게는 그저 편안히 이완하면서 휴식하도록 했죠. 두 집단 참가자들은 자신들이 같은 건강 증진 프로그램에 참가하고 있다고 믿었습니다.

연구자들은 두 가지 프로그램을 준비했습니다. 마음챙김 훈련 집단에는 MBSR을 기초로 만든 '마음챙김을 통한 건강증진Health Enhancement through Mindfulness, HEM' 프로그램을 실시했고, 휴식 집단을 위해서는 '이완을 통한 건강증진Health Enhancement through

Relaxation, HER' 프로그램을 만들어 실시했습니다. 두 프로그램 모두 걷기와 좌선, 스트레칭, 가벼운 운동을 골고루 배치해 실제 활동량은 비슷하게 이루어지도록 구성했습니다. 하지만 이완 집단에는 재미있는 농담을 들려주면서 최대한 편안하게 즐길 수 있도록 했습니다. 마음챙김 집단과 이완 집단 참가자들에게 심신에 어떠한 변화가 생겨나는지 비교하기 위한 실험이었죠.

3일 동안 진행된 실험이 끝나자 참가자들은 모두 스트레스가 줄어들었고 몸이 가벼워졌다고 보고했습니다. 표면상으로는 두 집단이 비슷한 효과를 경험한 것 같았죠. 하지만 뇌 스캔에서는 분명하게 드러나는 차이점이 한 가지 있었습니다. 마음챙김 집단 참가자들이 이완 집단 참가자들에 비해 스트레스에 반응하는 뇌 영역과 집중하고 진정할 때 활성화되는 뇌 영역에 더 활발한 신경 활동이 일어나고 있었습니다. 게다가 이로부터 4개월이 지나, 마음챙김 훈련을 했던 집단 참가자들은 (실험이 끝나고도 계속 명상을 해온 사람은 얼마 안 되었는데도) 이완 집단 참가자들보다 혈액 속 인터루킨 6interleukin 6의 분비량이 현저히 낮은 것으로 확인됐습니다. 염증 유발에 관여하는 단백질인 인터루킨 6이 감소한 것은 뇌가 휴식을 취할 때 활성화되는 주요 영역인 디폴트모드네트워크default mode network, DMN 부위와 배외측 전전두피질dorsolateral prefrontal cortex, dlPFC 간의 휴지기(외부로부터 자극이 없는 상태) 뇌 기능적 연결성resting state functional connectivity, rsFC이 증가했기 때문이었습니다.

그냥 편하고 즐겁게 쉬는 것과 달리 마음챙김은 스트레스, 면역과 감염 등에 직접적 영향을 끼칠 수 있다는 것을 의미합니다.


## 마음챙김과 '호흡 훈련'은 어떻게 다를까?

마음챙김이 몸에 끼치는 영향에 관해 하나만 더 알아볼까요? 흔히 사람들은 심장이 일정한 간격으로 뛴다고 생각합니다. 또 건강한 사람일수록 심장이 규칙적으로 뛸 거라고 생각하지요. 하지만 실상은 이와 정반대로 심장이 불규칙하게 뛰는 사람일수록 건강하다고 합니다.[39] 심장박동은 자율신경계로부터 영향을 받는데, 외부 변화나 체내에 일어난 변화에 적응하는 능력이 뛰어날수록 자율신경계가 잘 활성화되어 심장박동의 변화가 크게 나타나기 때문입니다. 그래서 심장박동의 변이 정도를 뜻하는 심박변이도heart rate variability, HRV는 여러 가지 질병의 경과나 스트레스 수준을 보여주는 지표이기도 합니다.

쉽게 말해 심박변이도가 줄어들었다는 것은 변화하는 환경에 대한 몸의 적응 능력이 떨어졌다는 얘기입니다. 대체로 건강한 사람은 심장박동의 변화가 크고 복잡하게 나타나지만, 질병이 있거나 스트레스가 높은 경우 이러한 심박변이도가 눈에 띄게 낮아집니다.

꼭 격렬하게 움직여야만 심장박동이 달라지는 것은 아닙니다. 가만히 앉아 있을 때에도 심장은 빠르게 뛰었다가 느리게 뛰었다가 변화무쌍하게 움직입니다. 게다가 쉬거나 몸을 많이 움직이지 않을 때, 즉 휴식 상태에서 심박변이도가 높은지 여부는 우리 뇌의 다양한 기능과도 관련이 있다고 알려져 있지요. 심박변이도가 높은 사람은 환경의 변화와 맞닥뜨릴 때 스트레스를 견디는 능력과 회복탄력성이 높게 나타났고,[40] 작업기억working memory과 같은 인지기능도 더 높게 나타났습니다.[41]

캐나다 워털루대학교의 심리학자 이고르 그로스먼Igor Grossmann 교수는 한발 더 나아가 이러한 심장박동이 "복잡한 사회적 문제에 관해 지혜롭게 생각하는 능력에도 영향을 끼친다"고 주장합니다. "우리의 연구는 지혜롭게 생각하는 능력이란 단지 정신적이고 인지적인 능력만은 아니라는 것을 보여줍니다. 심박변이도가 높은 사람은 사회적 문제들을 좀 더 거리를 두고 조망할 수 있어서 더 지혜롭게 생각하고 판단할 수 있습니다."[42]

그렇다면 마음챙김은 심박변이도와 어떤 관련이 있을까요? 마음챙김 명상을 비롯한 다양한 명상훈련을 하고 나면 심박변이도가 높아진다는 사실은 이미 여러 연구로 밝혀졌습니다. 한 연구에서는 MBSR 프로그램에 참가한 사람들을 대상으로 심박변이도가 어떻게 달라졌는지 알아보기 위해 호흡을 기준으로 그 차이를 들여다보았습니다.[43] MBSR이 시작되기 전 희망자를 모집해 프로그램 전후로 심박변이도를 측정했습니다. 그리고 희망자들을 세 집단으로 나누어 각각 다르게 호흡을 하도록 했습니다. 자신이 하던 대로 편하게 호흡하는 1집단과, 심박변이도를 높이는 데 도움이 된다고 알려진 호흡수대로 1분에 6회씩 규칙적으로 호흡하는 2집단, 그리고 MBSR 프로그램에서 배운 대로 호흡명상을 하는 3집단으로 나누었지요.

MBSR 프로그램을 마친 뒤 이들에게는 각각 어떤 변화가 있었을까요? 이들 모두 그전에 비해 심박변이도와 자율신경계 균형이 대체적으로 다 좋아졌습니다. 이는 프로그램을 통해 몸이 이완할 수 있도록 효과적으로 조절하는 방법을 익혔다는 뜻입니다. 자율신경계의 높은 활성도와 균형은 다양한 환경에서 몸이 항상성을 유지하게 해주지요. 소화나 혈액순환은 물론이고, 스트레스 회복력과도 관련이 크다고 합니다.

실험 결과, 의식적으로 호흡을 조절한 2집단보다 마음챙김을 통해 자연스럽게 호흡이 조절된 3집단의 사람들에게서 뚜렷하게 더 좋은 결과가 나타났습니다. 마음챙김이 숨쉬기 명상 정도로 많이 알려졌지만, 이 실험 결과는 마음챙김이 단순한 호흡 훈련 이상의 변화를 일으킨다는 사실을 보여줍니다.

## 마음챙김의 흥미롭고 다양한 효과

마음챙김이 잘되면 사고, 정서, 감각, 심상 등 모든 종류의 정보들을 판단하지 않고 있는 그대로 바라보고 받아들일 수 있습니다. 내가 무엇을 경험하고 생각하고 느끼는지 실시간으로 파악하는 메타인지 능력이 높아지고, 그에 대해 과민하게 반응하거나 집착하지 않게 됩니다. 그래서 몸과 마음의 전반적인 건강이 좋아질 수 있습니다.

물론 '마음챙김'의 효과가 건강 분야에만 국한되는 것은 아닙니다. 하버드대학교의 사회심리학자 앨렌 랭어는 행동경제학에서 긍정심리학에 이르기까지 광범위한 분야에서 40년이 넘도록 마음챙김에 관한 연구를 해왔고 '마음챙김'을 실용적 관점으로 널리 알린 주역이기도 합니다. 랭어 박사의 저서 《마음챙김Mindfulness》에는 마음챙김에 관한 여러 가지 흥미로운 실험이 소개되어 있습니다. 몸과 마음은 둘이 아니라는 심신일원론을 검증하기 위해 실시한 '객실 청소원 연구'가 특히 흥미롭습니다.

하루 종일 힘들게 육체노동을 하는 호텔 객실 청소원들에게 '평소에 규칙적으로 운동을 하는지' 물었습니다. 그들은 운동을 하지 않는다고 했습니다. 그런 뒤 두 집단으로 나누어, 실험집단에만 마치 헬스클럽에서 운동을 하는 거라고 생각하면서 일을 하도록 지시했지요. 예를 들면, 침대보를 씌우고 침구를 정리하는 일을 헬스클럽에서 기구를 써서 근력운동을 하는 것처럼 여기라는 것이었습니다. 놀랍게도 실험집단은 체중·허리-엉덩이 비율·체질량지수·혈압 등이 모두 줄어드는 효과가 나타났습니다. 일을 운동으로 여긴 마음이 몸에 실제로 운동효과를 불러일으킨 것입니다. 통제집단에서는 물론 이런 신체적 변화가 나타나지 않았습니다. 이 '마음챙김 운동mindful exercise' 실험은 《뉴욕타임스》가 뽑은 '2007 올해의 아이디어'에 꼽히기도 했습니다.

랭어 박사의 다양한 연구는 모두 한 가지 방향을 가리킵니다.[44] 바로 익숙한 대로 자동으로 반응하는 게 아니라, 내 주위에 무엇이 일어나고 있는지 주의를 기울이는 것이 스트레스를 줄여주고 창의력을 높여주며 성과도 높인다는 것입니다. 그녀의 '시계 거꾸로 돌리기 연구counterclockwise study'는 75~80세의 노인들이 20년 더 젊은 사람처럼 행동하기만 해도 건강이 좋아질 수 있다는 사실을 밝혀 세상을 깜짝 놀라게 했습니다. 랭어 박사는 마음챙김을 "새로운 것들을 적극적으로 알아차리는 과정"이라고 말합니다. 현재에 자신을 온전히 갖다놓는 것이지요. 지금 무엇을 하든 적극적으로 참여하는 것입니다. 이처럼 마음챙김은 자신에게 벌어지는 일들을 있는 그대로 볼 수 있게도 하지만, 실제로 하고 있는 일이나 운동, 작업의 질을 높여줄 수도 있습니다. 랭어 박사는 무슨 일이든 마음챙김 상태에서 하는 것이 훨씬 더 좋은 결과를 낳는다고 말합니다. 공부를 하거나 업무를 할 때, 집안일을 하거나 친구와 대화를 나눌 때에도 매 순간 내 마음에 들어오는 새로운 것들을 적극적으로 알아차리면서 한다면 더욱 효과적일 것이라고 강조합니다. 그 과정이 더 즐거워지는 것은 말할 것도 없지요.

이런 설명을 듣다 보면 흔히들 마음챙김이 노력을 많이 해야 하는 힘든 과정이라고 생각합니다. 하지만 랭어 박사는 사실은 그와 반대라고 단언합니다. 오히려 마음챙김이 안 된(마음놓침mindless이라고 합니다) 부정적 판단이나 생각, 온갖 걱정이 심신을 더 피곤하고 힘들게 한다고 말하지요.

왜 그럴까요? 우리는 대개 내가 무슨 생각을 하는지도 모르고 이런저런 생각을 좇는 잡념에 빠진 채 하루의 절반을 보냅니다. 머릿속은 늘 꽉 찬 채로, 뭘 하는지도 모르고 바쁘지요. 쉴 때와 움직일 때의 구분이 없습니다. 그러면 뇌도 더 빨리 지치죠. 쉴 때 완전히 쉬지 못하니까요. 반면, 마음챙김 상태가 늘어날수록 잡념은 줄어듭니다. 일할 때 일하고 쉴 때에는 최대한 쉬는 뇌 상태가 되는 것이죠.

그럼, 긴장해서 무언가에 열심히 집중하는 것과 마음챙김은 어떻게 다를까요? 가장 큰 차이는 바로 '열린 주의'에 있습니다. 마음챙김은 인위적으로 대상을 정해 주의를 고정하는 게 아니라 지금 내가 놓여 있는 현재 경험에 자신을 온전히 갖다두면서 그 경험을 알아차리는 것이니까요. 주의를 한곳에 붙들어매려고 애쓰는 것이 아니라, 지금 내게 들어온 자극에 대해 자동으로 해석 interpretation하려는 경향을 자제하는 것입니다. 잡념이라는 게 그렇잖아요. 길을 걷다가 분식집 간판을 보면서 떡볶이 맛있겠다, 하다가 문득 떡볶이 좋아했던 친구가 떠오르고, 그 친구랑 여행 갔던 곳이 생각나고, 그러다가 여행지의 어떤 풍경을 추억하면서 그때참 좋았지, 또 가고 싶다……. 그런데 요즘 내가 여행을 안 간 지 너무 오래됐구나, 시간이 너무 없어, 내가 무슨 부귀영화를 누리자고 이렇게 버둥거리며 살고 있지, 이번 일만 잘 마무리되면……. 근데 아까 자료 저장한 USB는 잘 챙겼나? 어디 넣었지? 주머니에 넣었던가? 어 이상하네? 분명 가지고 온 것 같은데…….

이처럼 고작 5분 사이에 생각은 여기저기를 뛰어다니지요. 내가 본 것은 분식집 간판 하나뿐인데 말이죠. 마음챙김이란 분식집 간판을 보면서 어떤 감정이나 생각 등의 해석이 펼쳐지려 할 때 그 것을 알아차리고 잠시 멈추는 겁니다. 그리고 내가 지금 두 발을 붙이고 있는 이곳의 경험으로 의식을 가져오는 것이죠. 그러면 아마 분식집은 이미 지나갔고 편의점, 서점, 안경점 간판들이 보이겠지요. 내 몸이 있는 곳에 마음을 온전히 가져오는 것입니다.

순식간에 생각에 생각을 거듭하며 산만해지기 쉬운 마음을 들여다보고 변화를 알아차리는 것은, 우리의 오랜 습관 때문에 한 번에 잘되지 않습니다. 연습이 필요하지요. 이러한 마음챙김 훈련을 꾸준히 하기에 좋은 환경은 어떤 곳일까요? 아무래도 시각이나 청

각과 같은 감각 자극이 적은 곳이 유리하겠지요? 눈을 감으면 시각
적 자극은 줄어드니까 비교적 간단합니다. 하지만 귀는 닫을 수가
없지요? 그래서 때로는 우리에게 '조용한 곳'이 필요합니다.

## "조용히 해주세요"

핀란드 관광청 홈페이지[45]에는 한때 고요한 핀란드의 아름다움을
경험하라는 의미로 "조용히 해주세요 Silence, Please"라는 슬로건이
붙어 있었습니다. 정보 과잉의 시대에 '고요함 silence'을 내건 홍보
는 충분히 매력적입니다. 대자연의 아름다움이 담긴 영상들을 보
고 있노라면, 시끄러운 마음을 가라앉히고 번잡한 일상을 벗어나
오로라가 빛나는 핀란드의 눈 덮인 통나무집에서 홀로 고요한 시
간을 보내고 싶다는 생각이 밀려듭니다. 고요함은 우리의 몸과 마
음을 쉴 수 있게 해준다는 점에서 일단 매력적이지만, 알고 보면
실제로 뇌에 중요한 영향을 끼칩니다.

2013년 한 연구에서는 쥐를 대상으로 고요함이 뇌에 어떤 변
화를 일으키는지 실험을 실시했습니다.[46] 온갖 소음에 노출된 쥐
와 조용한 곳에서 지낸 쥐 사이에는 어떤 차이점이 나타났을까
요? 놀랍게도, 하루에 2시간씩 고요한 환경에 놓였던 쥐들은 해마
hippocampus에 새 세포들이 생겨났습니다. 해마는 기억과 정서, 학

습을 관장한다고 알려져 있는 뇌 영역입니다. 이처럼 침묵은 새롭게 세포를 만들어내고 통합하면서 뇌기능을 활성화하는 데 '직접적으로' 영향을 끼칩니다.

소음은 또한 스트레스 호르몬을 더 많이 방출시킵니다. 심지어 우리가 자고 있을 때에도 몸은 소음에 반응합니다. 따라서 항상 시끄러운 곳에서 지낸다면, 만성적으로 스트레스 호르몬이 높은 상태로 살아갈 가능성이 높습니다. 2002년, 코넬대학교의 인간생태학 교수 게리 에번스Gary Evans 연구팀이 발표한 종단적 실험연구는 상당히 충격적인 결과를 담고 있습니다.[47] 독일 뮌헨공항 근처에 사는 아이들의 건강과 인지기능을 조사한 이 연구는 소음에 노출된 아이들은 스트레스 반응이 발달해 오히려 소음을 무시하게 된다는 사실을 보여주었지요.

소음의 영향을 받지 않게 되었다니 좋은 거 아니냐고요? 문제는 이 아이들이 해로운 자극만 무시하는 것이 아니라 수업시간에 선생님의 목소리와 같이 중요한 내용에도 잘 집중하지 못하게 되었다는 것입니다. 청각기능에는 전혀 문제가 없는데도 아이들은 주의를 기울여 듣기를 잘 못했습니다. 나중에 낡은 공항이 폐쇄되어 더 이상 소음이 들리지 않자, 아이들은 읽기 능력과 기억력이 놀라울 정도로 좋아졌습니다. 하지만 여전히 듣기에는 어려움이 있었습니다.

난청이 생길 정도로 강하지는 않더라도 소음이 지속적으로 들리는 환경에 있을 경우 만성적 스트레스를 경험하게 됩니다. 나아가 뇌기능이나 몸과 마음의 건강에 해를 끼칠 수 있지요. 소음이 스트레스와 긴장을 불러일으킨다면, 고요함은 뇌와 몸의 긴장을 이완시켜줍니다. 우리는 흔히 음악을 들으면서 몸을 이완시킨다고 생각합니다. 휴식에 어울리는 것은 아무래도 클래식 음악이겠지요? 이탈리아와 영국의 의학 연구팀은 바이올린, 피아노, 플루트, 클라리넷 등 어떤 악기 소리가 심혈관, 뇌혈관, 호흡기 등의 건강에 좋은 효과가 있는지 알아보았습니다. 실험은 4분간 연주하고 2분간 쉬고 다음 악기로 넘어가는 방식으로 진행되었습니다. 아이

조용히 해주세요.
SILENCE, PLEASE

러니하게도 좋은 음악 소리보다 중간중간에 있었던 2분간의 침묵(음악 없음)이 몸을 이완시켜주는 데 효과적이라는 결과가 나왔습니다.[48] 고요함의 중요성이 입증된 셈이지요.

때로는 번잡한 일상에서 벗어나 조용한 나만의 공간으로, 고요함 속으로 물러날 필요가 있습니다. 텔레비전, 노트북, 스마트폰 모두 내려놓고 홀로 머무는 시간을 규칙적으로 가져보는 것은 어쩌면 권장사항이 아니라 필수일지도 모르겠습니다.

## 마음챙김, 어떻게 하나요?

우리는 스마트폰으로 전화를 받으면서 비밀번호를 눌러 문을 열고 집으로 들어와 가방을 내려놓는 동시에 냉장고 문을 열어 물을 꺼내 마실 수 있습니다. 그 와중에 친구에게 "아이쿠, 저런! 정말 힘들었겠다"며 공감의 대화를 이어가기도 합니다. 인간이란 실로 많은 것을 의식하지 않고 순식간에 연속적으로 해낼 수 있는 놀라운 존재지요! 알아차리지 않고도 무의식중에 많은 정보를 처리하고 의사결정을 하고 행동으로 옮기는 능력은 결과적으로 많은 인지적 이득을 줍니다. 만약 인간이 모든 것을 알아차리고 나서야 행동하는 동물이었다면, 우리는 아마도 변화에 민감하게 대처하지 못해 이미 멸종했을 겁니다.

이처럼 우리에게 완벽한 마음챙김 상태, 또는 완전한 알아차림 상태란 불가능합니다. 뇌신경의 상당 부분은 무의식적으로, 우리가 알아차리지 못하는 사이에 작용하지요. 다만 경험한 것을 의식으로 최대한 많이 알아차리는 것은 가능합니다. 또한 이렇게 알아차리는 경험은 흥미롭게도 다시 무의식적 또는 자동적 정보 처리에 영향을 줍니다.[49]

오랫동안 명상을 지도해온 기 암스트롱Guy Armstrong[50]에 따르면, 마음챙김이란 "무언가를 경험하면서 그것을 경험하고 있다는 것을 아는 것"입니다. 이보다 더 간단한 정의는 없을 것 같습니다. 예를 들면 밥알을 씹으면서 내가 밥알을 씹고 있다는 것을 아는 것, 걸으면서 내가 걷고 있다는 것을 아는 것, 화를 내면서 내가 화내고 있다는 것을 아는 것, 말을 하면서 내가 어떤 마음으로 무슨 말을 내뱉고 있는지 아는 것입니다.

정식으로 명상을 배우고 익히는 것도 좋겠지만, 굳이 정해진 형식을 갖추지 않아도 마음챙김 훈련은 언제든지 가능합니다. 마음챙김을 위해 꼭 정좌명상을 할 필요는 없습니다. 내게 편안한 대상을 정해 거기에 주의를 기울이면 됩니다. 마음챙김을 처음 시도하는 사람들은 여기서 대개 '호흡'을 선택합니다. 호흡은 별다른 노력 없이 자동적으로 일어나는 것이기도 하고 몸에서 미세한 움직임을 느낄 수 있기 때문에 마음챙김을 시작하고 유지하기 좋은 대상입니다.

하지만 몸 상태가 좋지 않거나 마음이 불안하거나 육체적 고통이 너무 커서 호흡에 주의를 두기가 힘든 경우도 있습니다. 그럴 때에는 소리에 대한 마음챙김으로 시작해도 좋습니다. 우리가 일상에서 5~15분 정도의 시간을 들여 간단히 할 수 있는 마음챙김 방법으로 소리, 호흡, 걷기를 통한 마음챙김이 있습니다. 간단하고 실질적이며 누구나 시도해볼 수 있는 마음챙김 실천법을 이 장의 끝에 제시해놓았습니다.

나는 평상시에 1시간 정도 산책을 하면서 몇 가지 방법을 바꿔가며 그때그때 적절하게 마음챙김을 훈련합니다. 그 방법은 호흡일 때도 있고, 지금 내 눈앞에 보이는 풍경이나 들리는 소리 등 '지금 이 순간의 감각 경험'일 때도 있습니다. 마음챙김 훈련을 할 때는 되도록 생각을 오래 하지 않고 매 순간의 경험이 나를 통과해서 흘러가도록 내버려둡니다.

감정이 격할 때, 또는 무언가 자극을 강하게 받았을 때에는 순간 내 몸과 마음에 일어나는 느낌을 보면서 걷습니다. 마치 내 위에서 나를 내려다보듯 '아, 속이 부글부글 끓고 있구나' '배가 쿡쿡 쑤시는구나' '아주 뚜껑이 열렸다 닫혔다 하는구나' 하고 중얼거리기도 합니다. 머리가 뜨겁거나 어깨가 쑤실 때에는 그 부분을 만져주면서 따뜻한 마음으로 대합니다. 그리고 '어째서 그런 느낌이 드는 거니?' '이 느낌들은 어디에서 온 거야?' 하고 물어봐줍니다. 몸의 느낌에 대고 직접 물어보는 것입니다. 빨리 감정을 억누르려 하거나 일부러 다른 생각을 하려고 애쓰는 것보다 훨씬 효과적입니다. 몸은 종종 우리에게 직접 답을 건네주기도 합니다.

마음챙김 훈련을 하기에 가장 좋은 시간은 별다른 감정의 요동 없이 비교적 한산하고 차분할 때입니다. 머릿속 번잡한 생각의 플러그를 뽑아버리고(플러그가 뽑히는 이미지를 떠올리면서 시작하는 것도 효과적입니다!) 숨이 나가고 들어오는 호흡에 주의를 두면서 걷습니다. 호흡에 주의를 두면서 오래 걷기란 쉽지 않습니다. 30분을 걷는다면 15분 정도는 호흡에, 그다음 15분 정도는 발을 내딛는 느낌에 주의를 두는 방법도 좋습니다. 앞에서 말했듯 경험

하는 대상을 하나로 정해 '그것을 경험한다는 것을 아는 것'을 지속하는 것이 중요하지, 그것이 호흡인지 몸 내부 감각인지 바깥 풍경이나 소리인지는 중요하지 않습니다.

마음챙김 훈련을 한다는 것은, 그 순간만이라도 자동적으로 돌아가는 생각과 감정, 행동의 패턴을 쉬게 하는 것입니다. 그런 시간을 조금씩이라도 틈틈이 오래 지속할수록 평소에 의식하지 못했던 평범한 것들을 아주 구체적으로 경험하게 되면서 일상이 특별하게 느껴집니다. 그리고 마음챙김의 순간이 확장되면서 자연스럽게 알아차리는 능력이 늘어납니다. '그때 내가 왜 그랬지?' 하며 후회하는 일이 줄어들 수 있습니다. 왜냐하면 '그때' 내가 그런다는 것을 '뒤늦게'가 아니라 바로 '그때' 알아차릴 수 있기 때문입니다.

# 소리에 대한 마음챙김

(소요시간: 5분)

- 큰 소음이나 텔레비전, 사람들의 대화 소리가 들리지 않는, 비교적 조용한 곳에 허리를 펴고 바르게 앉아 눈을 편안하게 감는다. 의자에 앉거나 소파나 쿠션에 기대도 좋다. 앉아 있는 자세를 크게 의식할 필요는 없다.

- 나는 거기에 스쳐 지나가는 소리들을 그냥 만나기 위해 앉아 있다.

- 어떤 소리가 들리는가?

- 소리에 이름을 붙이거나, 의미를 부여하거나, 특별히 어떤 소리에 주목할 필요는 없다. 무엇이든 들리는 대로 듣는다. 소리를 일부러 찾으려고 할 필요는 없다. 소리가 오게 내버려둔다.

- 소리는 내 귀로 들어오고 다시 사라지며, 또 다른 소리가 들려오기도 한다.

- 그러다가 마음이 다른 생각으로 산만해지는 것을 알아챌 때, 다시 소리 듣기로 돌아온다.

- 5분 알림이 울리면 천천히 눈을 뜬다.

# 호흡에 대한 마음챙김

(소요시간: 15분)

- 조용하고 편안한 곳에 앉는다.

- 자세를 바르게 하려고 긴장하기보다는 등을 펴고 살짝 기대어 어깨가 펴지고 턱은 살짝 밀어넣은 자세 정도면 된다. 눈은 편안하게 감는다.

- 내가 앉아 있는 모습을 바깥의 시선으로 보듯 떠올려본다.

- 지금부터는 숨 쉬는 것에 주의를 둔다.

- 들어가고 나오는 숨이 어디에서 더 잘 느껴지는가? 콧구멍일 수도 있고 윗입술일 수도 있다.

- 가슴이 위아래로 오르락내리락하는 것이 느껴질 수도 있고 배가 팽창했다가 축소하는 느낌이 들 수도 있다.

- 천천히 깊은 호흡을 하면 좋지만 굳이 배에서만 느껴야 한다거나 억지로 호흡을 통제하려고 할 필요는 없다. 다만 들숨과 날숨이 몸을 통과하는 것을 느껴본다.

- 그러다가 더욱 강하게 숨이 느껴지는 지점을 찾는다.

- 날숨이나 들숨 중 어느 쪽이 더 강하게 느껴지는가?

- 둘 다 비슷하다면 날숨을 고른다. 특별히 느껴지는 곳이 없으면 콧구멍에 주의를 둔다.

- 내가 찾은 지점(또는 콧구멍)에서 숨이 나가는 느낌에 집중한다.

- 숨이 다 나가면 잠깐 쉬었다가 숨이 몸으로 들어오는 것을 느낀다.

- 하나가 다 나가면 다시 하나가 들어온다. 천천히 느낌에 집중한다.

- 어느덧 마음이 다른 생각으로 산만해지면, 걱정하지 말고 주의를 다시 호흡으로 가져온다.

- 긴 호흡이 안 된다거나 복식호흡이 아니라고 판단하거나 생각하지 말고, 그저 몸을 편안하게 내버려둔다.

- 15분 알림이 울리면 천천히 눈을 뜬다.

# 걷기에 대한 마음챙김

(소요시간: 10분 또는 그 이상)

- 10분 또는 그 이상의 시간을 천천히 걷는 것으로 시작한다.

- 조용한 동네 놀이터나 마당에서 왕복으로 왔다 갔다 해도 좋다.

- 걷기 전 잠깐 자리에 서서 내 몸 깊이 닻을 내리듯 주의를 몸 안으로 돌린다.

- 서 있는 내 몸의 자세를 온몸으로 느껴본다.

- 그런 뒤 천천히 발을 내디딘다.

- 한 발을 들어올리고 앞으로 내밀고 바닥에 디뎌, 다른 발이 바닥에서 떨어지는 것을 하나하나 천천히 느끼며 걷는다.

- 어느덧 마음이 다른 생각들로 산만해진다. 그러면 다시 걷는 발의 느낌으로 주의를 가져온다.

- 천천히 이 공간을 가르면서 걸어가는 나를 느낀다.

- 무릎이나 종아리, 발바닥과 발목 어디든 집중이 잘되는 곳에 주의를 둔다.

- 한쪽으로 다 걸어가서 돌아와야 할 때에는 잠시 멈추고 의식적으로 한 번 호흡을 한다.

- 그런 뒤 몸을 돌려 다시 걷는다.

- 빨리 걷고 싶을 땐 다시 한번 걷는 느낌으로 주의를 돌린다.

(때로는 너무 덥거나 추워서, 또는 몸 어딘가가 아파서 불편하거나 강한 감정 때문에 가만히 앉아 호흡이나 소리에 집중하거나 '천천히 걷기'가 힘들 때도 있습니다. 그럴 때에는 굳이 천천히 걸으려고 애쓰지 말고 평소의 자기 걸음걸이에 맞추되 조금 길게, 30분가량 또는 그 이상 걷기를 추천합니다.)

Psychology for life

# 6장

# 그 누구보다도 나에게

# 친절할 수 있다면

## 나를 바꾸는 마음도구 2. 자기자비

**왜 난 남들처럼 행복하지 못할까 궁금한 당신에게**

끊임없이 판단하는 마음을 내려놓으세요

당신이 무언가를 잘한다고 해서 좋아하고,
못한다고 해서 미워하지 마라.
사랑하는 사람이나 소중한 친구를 대하듯,
자기 자신을 언제나 친절하게 대하라.

_크리스틴 네프

항상 남들과 비교하면서 내가 못 미치거나 모자라지는 않은지 걱정하는 사람이 많습니다. 자신이 한 일에 대해 만족스럽지 못한 평가를 받거나 누군가에게 자신을 함부로 판단하는 듯한 얘기를 들으면 너무나 속이 상해서 며칠 동안 그 생각에서 헤어나오지 못하는 경우도 있지요. 계속 되뇌며 자책하고 괴로워합니다. 끊임없이 자기 자신을 판단하고 비난하고 채찍질하면서 정작 타인은 자신에게 그렇게 하지 않기를 바라는 것, 이것은 어떻게 이해해야 할까요?

상담을 하다 보면 심각한 증상이 없는 사람이 호소하는 문제는 십중팔구 '자존감'이 낮다는 것입니다. 앞의 H씨 사례에서도 살펴보았듯 사람들의 평가에 민감하고, 부정적인 말에 상처를 잘 받는 것이 낮은 자존감 때문이라고 믿는 이가 많습니다. 그들은 "사람들이 나를 무시한다" 또는 "나를 만만하게 보는 것 같다"는 고민을 털어놓습니다. 이들 중 상당수는 '누구도 내게 상처 줄 수 없다' '단단한 멘탈(마음)' '자존감 높이기' 등을 내세운 책을 찾아 읽으며 '어느 누구에게도 무시당하지 않는 나'를 만들려고 애를 씁니다. 하지만 마음처럼 잘되지 않습니다. 비슷한 제목의 책을 여러 권 읽어도, 누구의 비판이나 지적에도 신경 쓰지 않고 쿨하고 당당해 보이려고 애를 써도 별것 아닌 일에 무너지고 맙니다. 왜 그럴까요? 그들은 무엇을 놓친 것일까요?

나는 이런 분들에게 "방향을 잘못 잡으셨어요"라고 말합니다. '자존감이 낮다'고 고민하는 사람은 대개 누구를 만나도 '자존감이 낮은 자신'에게 초점을 맞추는 경향이 있습니다. 자신감이 넘치고 당당한 사람을 만나면 위축된 자기 자신에 대해 불만을 느끼고, 일 잘하고 유능해 보이는 사람 옆에서는 무능한 자신을 탓하지요. 관대하고 활발해서 주위에 친구가 많은 사람을 볼 때면 자신의 속 좁음, 옹졸함을 비난합니다. 누구를 만나든 오직 '나'에게 관심이 가 있는 것입니다. 이렇게 늘 자신을 만족스럽지 않고 부족하다고 하는 사람들일수록 지나치게 남과 자신을 비교하면서 자기 자신에게만 몰두해 있다는 것을 어렵지 않게 발견할 수 있습니다.

'자기초점적 주의self-focused attention'는 바로 이렇게 몸 상태나 느낌, 생각, 기억 등에서 자기와 관련된 정보에 민감한 것을 뜻합니다. 캔자스대학교의 심리학자 릭 잉그램Rick Ingram은 이 자기초점적 주의가 우울증, 불안장애, 알코올중독, 조현병 등 다양한 정신적 문제의 공통적 기제라고 볼 수 있다고 했지요.[1] 이렇게 주로 자기에 관한 정보에 주의가 쏠려 있는 사람들은 대부분 우울하고 불행한 기분을 자주 느낀다고 합니다. 그러니 자신의 가치에 대해 판단하는 '자존감'에 연연하기보다는 오히려 담담해지는 것이 정신건강에 좋겠지요. 게다가 자존감이라는 것이 그렇게 믿을 만하고 안정적이지도 않답니다. 심리학에서 이 개념이 어떻게 만들어졌는지부터 살펴보겠습니다.

# 자존감이 높으면 무조건 좋은 걸까?

'자존감self-esteem'이라는 말은 빌헬름 분트와 함께 심리학의 아버지라 불리는 윌리엄 제임스William James가 처음 사용한 용어입니다. 심리학의 역사에서 초기라 할 수 있는 1890년에 등장한 '자존감'은 원래 "자신에게 중요한 영역에서 실패한 것 대비 성공한 비율"[2]을 뜻했습니다. 제임스는 또한 "객관적 이유와 상관없는, 자기 자신에 대한 평균적 느낌"이라고 덧붙였습니다. 이 정의대로라면 대체적으로 자신이 뜻한 바를 많이 이룬 사람은 자존감이 높을 것이고, 실패를 많이 했다면 자존감이 낮게 나오겠지요.

한편 사회학습 이론으로 유명한 캐나다의 심리학자 앨버트 밴듀라Albert Bandura는 '자기효능감self-efficacy'이라는 용어를 만들었습니다. 자기효능감이란 내가 어떤 목표를 달성할 수 있을까, 해낼 수 있을까에 대한 믿음을 말합니다. 심리학에서는 자존감은 자신의 가치에 대한 생각과 관련이 있고, 자기효능감은 자신이 갖고 있는 목표를 해낼 수 있을 것인가에 대한 지각과 관련이 있기 때문에 이 둘을 구분해야 한다고 보는 편입니다.

1960년대 중반, 사회학자 모리스 로젠버그Morris Rosenberg는 그간의 연구 결과들을 토대로 자존감을 스스로 평가할 수 있는 척도를 최초로 개발했습니다. 로젠버그는 자존감을 "비교적 안정적이고 전반적인 자기 가치감"이라고 정의했습니다. 열 개의 항목으로 구성된 로젠버그의 자존감 척도에는 대개 다음과 같은 내용들이 들어 있습니다.[3] "대체로 나는 나 자신에게 만족한다." "나는 장점이 많다고 느낀다." "대부분의 사람들이 할 수 있는 것들을 나도 할 수 있다." "나는 자부심을 느낄 만한 게 별로 없다고 느낀다." "때때로 나는 쓸모없이 느껴진다." "내가 나를 좀 더 존중하게 됐으면 좋겠다."

이처럼 간단히 측정할 수 있는 도구가 생겨난 이후 자존감에 관한 연구들이 본격적으로 쏟아졌고, 최근까지 심리학 연구 분야에서 가장 많이 등장하는 주제 중 3위 안에 들[4] 정도로 인기가 대단했습니다. 하지만 이러한 자존감에 대한 비판과 문제제기도 꾸준히 있어왔습니다.


## 만들어진 신화, 자존감

우선 자기애나 자기중심성, 자기도취, 자기우월감 등과 구분이 어렵다는 지적이 많았습니다. 자존감의 역기능까지도 여기저기서 논의되었습니다. 역기능의 예를 간단히 들면, 자존감이 높은 사람은 오히려 타인을 평가절하할 수 있고,[5] 높은 자존감은 공격성과 깊은 상관관계를 갖는다는 연구[6]도 있었지요. 만약 자기에 관한 정보에만 민감하게 주의를 기울이고 있는 사람이 자존감이 높다면 어떤 모습일까요? 내가 언제나 남들보다 장점이 많다고 느끼거나, 자부심이 높으며 무엇이든 할 수 있는 사람이라고 믿는 사람이라면요? 아마 그런 사람의 경우 자존감은 높게 나오겠지만, 그때의 자존감은 흔히 '나르시시즘'이라고 부르는 '자기애'나 '자기도취'와 구별하기 매우 어려울 것입니다. 자존감을 지나치게 추구하는 경우, 자기중심성과 자기애로 이어지면서 대인관계에 문제를 일으키기도 합니다.[7]

게다가 타인의 판단과 무관하게 자신이 내리는 자기에 대한 '가치감'이라고는 해도, 정말 타인의 평가나 사회적 상황에 상관없이 일관되게 유지할 수 있는 나에 대한 믿음이 있을 수 있을까요? 여러분은 주위에서 목표한 것을 이루든 이루지 못하든, 성적이 좋게 나오든 나쁘게 나오든, 사람들에게 사랑받든 욕을 듣든 상관없이 일관된 '가치감'을 가진 사람을 본 적이 있나요? 자신에 대한 평가는 상황에 따라 오르락내리락하는 것이 당연합니다. 이처럼 자존감은 성취나 타인의 평가와 관련이 있고 불안정하다는 특성을 지닙니다.[8]

캐나다의 임상심리학자 랜디 패터슨Randy Paterson은 "자존감이라는 말은 시대가 만들어낸 신화다. 실제로 존재하지도 않는다"고 주장합니다.[9] 패터슨 박사는 20년 정도 심리치료를 해오면서 자존감이 낮다고 고민하는 많은 사람을 만났습니다. 그들은 공통적으로 왜 자신은 다른 사람들처럼 행복하게 살지 못하는지, 왜 다른 사람처럼 적극적으로 무언가를 잘 해내지 못하는지 원망하고 있었다고 합니다. 박사는 저서 《비참해지는 법How to Be Miserable》에서 "'자기혐오'가 있을 뿐 '자존감'이라는 것은 없다"고 주장합니다. 왜냐하면 자존감은 추구해서 얻어지는 대상이 아니라, 균형 잡힌 삶을 잘 살아갈 때 결과적으로 느껴지는 전반적인 만족감에 지나지 않기 때문입니다.

한편 마음챙김의 연구로 유명한 심리학자 리처드 라이언과 커크 워런 브라운은 〈왜 우리에게 자존감이 필요 없는가?Why We Don't Need Self-esteem〉라는 도발적인 제목으로 글을 발표했지요. [10] 이들은 '나'를 대상으로self-as-object 바라보는 서구 심리학의 오랜 관습 때문에 나에 대한 다른 사람들의 반응과 의견을 내면화한 것을 '나'로 착각하게 되었다고 설명합니다. 이처럼 나를 대상으로 삼기 때문에 내 가치에 늘 연연해하면서 자기 자신을 좋은 대상으로 보려고 필사적으로 몸부림치게 된다는 것이지요. 반면 '나'를 하나의 과정self-as-process으로 바라보는 사람들은 내가 가치 있는지, 쓸모 있는지, 사랑받을 만한지 확인하려고 애쓰지 않기 때문에 자존감 같은 것이 필요 없어진다고 주장합니다.

이처럼 자존감의 존재와 기능에 대한 의문은 꾸준히 제기되어 왔습니다. 동시에 이러한 자존감의 역기능을 보완한 건강하고 적응적인 자기 태도를 가리키는 개념으로서 최근 몇 년 사이에 '자기 자비'가 주목을 받고 있습니다.

자기자비는 무엇이며 자존감과 어떻게 다를까요? 말 그대로 자기 자신에게 자비를 베풀라는 말일까요? 반은 맞는 얘기입니다. 하지만 자기 자신에게 무조건 관대하고 허용하라는 것은 아닙니다. 그렇다면 자비는 무엇일까요? 뭔가 종교적인 느낌이 드신다고요? 그럴 수도 있고 아닐 수도 있습니다. 많이 들어본 것 같으면서도 낯설게 느껴지는 이것에 대해 왜 심리학은 주목하고 있을까요? 자비는 무엇이며 어디에 좋은 것일까요?


## 자존감에 대한 대안, 자기자비

'함께 고통을 겪다'는 뜻을 가진 라틴어 compati에서 유래된 compassion이라는 단어는 심리학에서 아주 최근에야 등장한 개념입니다. 우리말로는 불교 용어를 빌려 자비라고 번역하지만 정확히 똑같은 개념은 아닙니다. 왜냐하면 불교에서 말하는 자비는 '친구나 이웃이 행복하고 평안하며, 잘되고 안락해지기를 희망하는 것'이라는 의미의 자慈와 '사랑하는 자녀의 고통을 덜어주고 싶어하는 어머니처럼 모든 존재가 고통에서 벗어나기를 바라는 마음'인 비悲 두 가지 뜻이 한데 합쳐진 말[1]이기 때문입니다. 하지만 오늘날의 심리학에서는 그 두 가지 의미를 크게 구분하지 않은 채 compassion을 '자비'로 번역해 쓰고 있습니다.

심리학에서 일반적으로 받아들여지고 있는 자비에 대한 정의는 달라이 라마Dalai Lama가 말한 대로, "자신과 타인의 고통을 세심하게 헤아리고 그것을 덜어주거나 일어나지 않게 하기 위해 깊게 헌신하는 것"[12]입니다.

흔히 타인의 심정을 헤아리고 그 사람의 입장이 되어보는 마음으로 '공감empathy'을 떠올립니다. 하지만 자비와 공감은 심리학적으로 차이가 있습니다. 공감은 타인의 감정을 같이 느끼는 것이 핵심이지만, 자비는 타인의 고통에 주의를 기울임과 동시에 고통을 줄이려는 동기를 고양시킵니다. 자비에는 고통을 함께하는 것만이 아니라 그 고통을 줄이거나 일어나지 않게 무언가를 하겠다는 마음까지 포함됩니다. 다시 말해 자비란 고통을 이해하고 받아들일 뿐만이 아니라 그것을 없애거나 줄이기 위해 더 적극적으로 몸과 마음을 준비시키는 일이지요. 따라서 마냥 부드럽고 친절한 것을 의미하는 것도 아니고, 모든 것을 그저 다 받아들이기만 하는 것도 아닙니다. 또한 타인을 나보다 못하다고 여겨 불쌍히 생각하는 '동정sympathy'과도 전혀 다른 개념[13]입니다. 오히려 자비는 타인과 내가 '다르지 않다'는 생각에서 비롯되는 마음이지요. 타인의 고통과 나의 고통이 같은 뿌리에서 나온다는 것을 알기에 그의 고통을 외면하거나 피하지 않는 마음입니다.

자비는 타인을 향할 수도 있고, 자기 자신을 향할 수도 있습니다.[14] 불교라는 맥락에서는 자신과 타인이 따로 있지 않고, 타인에 대한 자비와 자기에 대한 자비가 따로 있을 수 없기 때문에 '자기 자비'를 따로 명명한다는 것이 적절하지 않습니다. 하지만 영어에서 compassion은 본래 타인의 고통을 염려하는 것을 뜻합니다. 몇몇 심리학자는 달라이 라마를 만난 자리에서 자기 자신에 대한 compassion을 뜻하는 단어가 영어에 없다는 사실을 문제 삼았습니다.[15] 이에 달라이 라마는 티베트어 tsewa를 예로 들며 자비는 본래 우리 자신을 향하는 것과 타인에 향한 것 모두를 포함한다고 하면서 자신에 대한 자비를 배제하면서 타인에 대한 자비를 얘기하는 것은 심각한 자기기만이 될 수 있다고 설명했습니다.[16] 이후 크리스틴 네프Kristin Neff를 비롯한 심리학자들은 자기 자신에 대한 자비를 뜻하는 개념을 명확히 하기 위해 self-compassion(자기자비)이라는 용어를 도입하게 되었습니다.

우리는 '자비'라고 하면 흔히 타인을 향한 마음으로 생각합니다. '자비를 베풀라'고 할 때나 신을 가리켜 '자비로우시다'고 할 때처럼 타인에게 무언가를 주는 것을 뜻할 때 흔히 쓰입니다. 하지만 이것은 동시에 나 자신을 향한 마음도 될 수 있습니다.

## 나에 대해 판단하지 않는 마음

텍사스대학교의 심리학자 크리스틴 네프는 자존감을 높이려고 애쓰다가 오히려 불행해지는 현대인들에게 자신에 대한 판단을 그만 두고 있는 그대로의 자신을 친절하게 받아들이는 자기자비가 정신 건강에 더 유익하다고 말합니다.[17] 네프 박사에 따르면, 자기자비 란 역경에 처했을 때나 자신의 취약함을 지각했을 때 자신을 비난 하는 대신 친절한 마음으로 자신을 보살피는 일입니다. 자기자비 는 나 자신만 관심 갖고 챙기는 것이 아닙니다. 내가 타인과 다르 지 않고 모두가 연결되어 있다는 사실을 전제하기 때문에 타인에 대한 자비와 염려가 자동적으로 연결되지요. 쉽게 말해서 '생명이 있는 존재라면 모두 고통받고 있다'는 것을 알기 때문에 평안을 바라는 마음입니다. 나도 그들 중 하나이기 때문에, 살아 있는 존재이기 때문에 돌보는 것이지요. 따라서 자기 자신을 불쌍히 여기는

자기동정self-pity과 뚜렷하게 구별되는 개념입니다.[18]

자기 자신을 동정하는 마음에 빠질 때 사람들은 대개 타인과 분리된 느낌을 경험합니다. 이 넓고 거친 세상에 나만 홀로 떨어져 어려움을 겪고 있다고 느끼지요. 이럴 때면 누구나 겪을 수 있는 일이며, 이와 비슷한 또는 더 힘든 일을 다른 사람이 겪고 있을 것이라는 생각은 미처 하지 못합니다. 자기동정은 자신이 겪는 어려움이나 고통을 과장하는 경향이 있거든요.

이와 반대로 자기자비의 프로세스는 자기와 타인이 '다르지 않다'는 경험을 메타인지적으로 알아차리는 것에서 비롯합니다. 따라서 특정한 경험·감정·고통을 자신과 동일시하는 사이클을 깨뜨려 혼자 동떨어진 것만 같은 자기중심적 정서를 줄이고, 다른 사람이나 세상과 연결된 느낌을 늘려줍니다. 내게 일어난 일이 누구에게나 일어날 수 있다는 것을 전제로 하기 때문에, 자신의 경험을 더 넓은 관점에서 조망하고 자신의 고통의 크기를 더욱 정확하게 바라볼 수 있게 합니다.

경쟁이 첨예해진 현대사회에서 끝없는 자기비판과 비난, 수치심과 결핍감에 시달리는 서구인들은 자기자비에 많은 관심을 쏟기 시작했습니다. 15년 가까이 자기자비를 연구해온 네프 박사는 우리 자신에게 '좋아/나빠' 또는 '잘한다/못한다' 등의 딱지 붙이기를 그만두고 열린 마음으로, 있는 그대로의 나 자신을 받아들이자고 제안합니다.

# 감정과 동기: 자비는 감정일까?

그렇다면 자비는 감정일까요, 생각일까요? 아니면 그도 아닌 다른 것일까요?

간단한 예를 들어 생각해보겠습니다. 여러분의 자녀가 이제 막 초등학교에 들어갔습니다. 나는 좋은 부모가 되고 싶은 사람입니다. 아이의 생각을 존중해주고 신나게 놀아주고 나면 기분이 뿌듯하고 즐거워집니다. 자신에게 만족감이 듭니다. 하지만 별것 아닌 일로 아이에게 버럭 화를 내거나 소리를 질렀다면 어떨까요? 자기 자신에게 실망을 느끼고 죄책감을 갖거나 불쾌한 느낌이 들 것입니다. 하지만 그렇다고 해서 아이에게 좋은 부모가 되어주고 싶다는 생각을 우리가 없애버리지는 않습니다. 이처럼 '아이에게 좋은 부모가 되어주고 싶다'는 것은 동기라고 할 수 있습니다. 반면 뿌듯함, 즐거움, 만족감, 실망감, 죄책감, 불쾌함 등은 그때그때 달라지는 감정이지요. 동기는 한동안 지속되지만 감정은 변화무쌍하게 왔다 갔다 합니다. 자비는 일시적으로 일어났다가 사라지는 감정이 아니라 동기에 가깝다고 할 수 있습니다. 하지만 더 정확히 말하면, 자비는 감정과 아주 긴밀하게 연결되어 있는 동기입니다.

"정서란 특정한 것에 치우쳐 생각하는 상태"라고 했던[19] 스피노자Baruch de Spinoza의 말처럼 생각은 정서의 영향을 받습니다. 마찬가지로 정서 또한 의식적·무의식적 동기의 영향을 받습니다. 1

부 4장에서 살펴보았듯, 우리가 하고자 하는 것, 이루고자 하는 것이 무엇인가에 따라 경험하는 감정도 달라질 수 있습니다. 아무도 기억해주지 않는 생일을 챙겨주는 직장 동료의 케이크 선물은 감동을 줄 수 있습니다. 하지만 갑자기 살이 쪄서 이제 막 다이어트를 하려는 사람에게 케이크 선물은 별로 반갑지 않을 수 있지요.

이처럼 감정은 맥락에 따라 다르게 일어나고 각각 다르게 경험됩니다. 한 가지 상황에서도 우리는 여러 가지 감정을 느낄 수 있습니다. 때로는 우리 마음 안에서 서로 너무나 다른 감정들을 동시에 느껴 혼란스러워하기도 합니다. 마치 비가 오다가 곧 개면서 해가 나기도 하고, 햇빛이 내리쬐는 가운데 갑자기 비가 오기도 하는 것처럼 말이지요. 때로는 복잡하고 모호하지만, 한 가지 명백한 사실은 그것도 얼마 가지 않아 사라진다는 것입니다. 감정은 파도처럼 아무리 강하게 밀려왔더라도 이내 밀려갑니다. 아이러니하게도 이처럼 왔다가 사라지는 감정을 그냥 내버려두지 못하고 그것을 문제 삼고 어떻게든 없애려 하거나 피하려 할 때, 또는 지나치게 붙들고 매달릴 때 문제가 생깁니다. 감정 그 자체가 문제가 아니라 감정에 대처하는 방식에 문제가 있는 것이지요.

나 자신에게 긍정적이고 좋은 감정을 느낄 수도 있지만, 때로는 부정적이고 불편한 생각이 들 수도 있습니다. 그럴 때 억지로 긍정적인 내 모습을 다시 세우려고 애쓰기보다는 그 상황을 그대로 받아들이고 어떠한 이유로 내가 불편함을 느끼는지 살펴보는 것이 도움이 됩니다. 왜냐하면 나 자신의 긍정적인 모습을 보려 하거나 자존감을 높이는 데 집착하다 보면 일시적으로 기분을 회복할 수는 있을지 몰라도 상황을 왜곡해서 볼 수 있기 때문입니다. 타인과 비교하면서 나를 우월하게 생각하려는 부질없는 노력, 어떤 상황에서도 내가 괜찮은 사람이라는 증거를 찾아내고자 애쓰는 자기최면은 오래가지 않습니다. 그보다는 나에 대한 평가나 판단을 중지하고 있는 그대로 받아들이며, 타인과의 비교를 자제하는 것이 좋습니다. 그래야 누군가에게 인정받거나 칭찬을 받았다고 해서 감정이 하늘로 치솟거나, 누군가의 지적이나 비판을 받았다고 해서 바닥으로 떨어지는 일 없이 평상심을 유지할 수 있습니다. 또한 타인의 평가를 의식해 내 생각과 행동을 바꾸는 일이 줄어듭니다. 그러면 내가 내 중심을 잡고 살아갈 수가 있습니다. 자존감이 높다, 낮다 고민하지 않고 내 감정과 생각을 존중하며 나를 잘 보살필 수 있습니다. 이것이 곧 '자기친절self-kindness'이고 나 자신과의 관계를 회복하는 첫걸음입니다.

우선 나를 친절하게 대해주어야 좋아하는 친구나 사랑하는 사람에게도 친절해집니다. 이것이 확장되면 우리를 스쳐 지나가는 사람들도 짧은 만남의 그 순간, 진실하고 친절하게 대할 수 있습니다. 물론 이 친절한 마음은 돌고 돌아 다시 내게로 향합니다.

## 자기자비의 세 가지 요소:
## 자기친절, 인간보편성, 마음챙김

이러한 자기자비에는 세 가지 요소가 있습니다. 자기자비를 이루는 첫 번째 요소는 앞 절에서 얘기한 '자기친절', 곧 나에 대한 친절입니다. 두 번째 요소는 '인간보편성common humanity', 풀어 쓰면 내가 지금 겪는 곤란·어려움·고통을 인간이라면 누구나 겪을 수 있다고 바라보는 마음입니다.

생각하지 못했던 곤란에 처하거나 몹시 고통스러운 일을 겪게 되면 흔히 "왜 하필 나한테 이런 일이 일어났을까?" 하고 원망이 생깁니다. 세상에 내 고통을 알아주는 사람이 하나도 없는 것 같은 극심한 외로움에 빠지기도 하지요. 이것은 모두 '나만 겪고 있다'는 생각에 사로잡히기 때문에 드는 감정입니다. 하지만 이럴 때 누구나 겪을 수 있는 일이라 생각해 이것을 특별히 개인적인 문제로 받아들이지 않을 수도 있습니다. 이러한 시각은 나를 타인과 특별히 다른 존재라 여기지 않기에 자신과 타인의 고통을 열린 마음으로 받아들이고 이해할 수 있게 해줍니다. 이것을 네프 박사는 '인간보편성'이라고 부릅니다. 인간보편성을 항상 마음에 품고 있으면 실패를 겪더라도 누구나 겪을 수 있는 일이라고 생각해, 낙담하고 단념하기보다는 자신의 상황을 한걸음 떨어져 조망할 수 있습니다. 실패하더라도 다시 목표를 향해 도전할 수 있고, 기분이 처지거나 마음이 혼란스러울 때에도 '내가 왜 이러지?' 하며 자신을 탓하지 않습니다. 누구나 그럴 수 있다는 것을 알기에 마음 한쪽에 여유가 생깁니다. 그러한 여유가 더 지혜롭게 대처할 수 있게 합니다. 힘든 일이 있더라도 거기에 매몰되거나 주저앉는 것이 아니라 인간이라면 누구나 겪을 수 있는 문제로 바라보기에, 자신을 있는 그대로 바라보면서 더 합리적으로 현명한 선택을 할 수 있습니다.

자기자비를 이루는 마지막 요소는 '마음챙김'입니다. 5장에서 살펴보았듯 마음챙김은 내 마음에서 일어나는 감정을 바라보고 이해해, 좀 더 나은 방식으로 대처할 수 있도록 도와주는 효과적인 방법 중 하나[20]지요. 자비를 키우기 위해서 먼저 갖춰야 할 전제조건이기도 합니다.


## 자기자비는 '따뜻한 마음챙김'이다

마음챙김은 그 자체로 심신의 건강과 삶의 질에 좋은 영향을 끼친다는 연구 결과들이 많지만, 학자에 따라서는 자비가 그 토대가 되지 않으면 부작용을 낳을 수도 있다고 봅니다. 영국 더비대학교의 임상심리학자 폴 길버트Paul Gilbert 박사는 자비에 관한 대표적 전문가입니다. 길버트 박사는 35년 동안 자기비난과 수치심, 우울증으로 시달리는 사람들을 상대로 심리 치료와 연구를 해오면서 자비에 초점을 맞춘 심리적 개입이 치료적 효과가 크다는 사실을 발견했습니다. 길버트 박사가 창시한 자비마음훈련compassionate mind training 프로그램과 자비초점치료compassion focused therapy는 최근 영국과 미국은 물론 한국에서도 많은 주목을 받고 있습니다.

마음챙김의 목적, 동기, 방향을 중요하게 생각하는 길버트 박사는 자비에 초점을 맞춘 마음챙김을 제안합니다. 흔히 '따뜻한 마음챙김'이라고도 하지요. 박사는 오랜 기간의 연구 결과를 토대로, 자비가 토대가 되지 않은 상태에서 단순히 마음을 '관찰'하려고 노력하거나 '호흡에만 집중'하는 방식은 어려움을 회피하면서 실제 고통과 직면하지 않으려는 교묘한 방법이 될 수 있다고 주장합니다.[21] 사실상 많은 이가 복잡한 감정적 문제들을 해결하고 정신적 고통을 가라앉히고 싶어서 마음챙김 명상을 찾습니다. 길버트 박사는 자비심에 초점을 맞추지 않고 단순히 마음챙김 훈련을 하면 고통을 가라앉힐 수는 있으나 근본적인 문제해결에는 크게 도움이 되지 않는다고 얘기합니다. 마음챙김을 심리치료에 접목해온 불교 명상가이자 정신의학자인 에델 맥스Edel Maex의 의견 역시 이와 비슷합니다.

안다고 해서 곧바로 도덕적이 되는 것은 아니다. 내가 매우 화가 났다고 해보자. 그래서 누군가를 죽일 수도 있을 것 같다고 가정해보자. 분노는 내 의식을 좁힌다. 이렇게 의식이 좁아지는 것 자체가 커다란 위험이다. 그 안으로 시야를 가두는 대신 나의 분노를 열어 그대로 볼 수 있다면, 그리고 그에 따라 충동적으로 행동하지 않고 잠시 멈출 수 있다면, 작동 중인 생각과 판단을 현실로 옮기지 않고 그대로 볼 수 있다면 어떻게 될까? 그렇다면 상황에 대해, 내 동기에 대해, 타인의 입장에 대해, 내 감정과 선택들의 원인과 결과에 대해, 관련된 모든 이의 고통에 대해 더 열린 자각을 할 수 있을 것이다. 자비는 나 자신과 타인의 고통에 대한, 그리고 우리가 서로 연결되어 있음에 대한 자각에서 나온다. 이런 상황에서 타인을 죽이거나 해치는 일은 일어나지 않을 것이다.[22]

살면서 고통이 일어나지 않게 하거나 완전히 없애는 방법은 없습니다. 하지만 자비는 모든 고통을 향해 친절과 공감, 평정심과 인내를 가지고 효과적으로 다가갈 수 있게 합니다. 그렇게 해서 고통을 겪는 현실에 마음을 열어 치유되게끔 하는 역량입니다.[23] 특히 안 좋은 일이 생길 때마다 자신을 먼저 탓하는 사람, 항상 더 노력해야 한다고 자신을 채찍질하다가 지쳐버리는 사람, 습관적으로 자기비난을 하는 사람에게 자비가 꼭 필요합니다. 삶의 관점을 바꾸어 좀 더 건강한 방향으로 자신의 에너지를 전환할 수 있게 해주니까요.

# 자비를 꺼리는 사람들

'자비'가 이렇게 좋다면 다 잘 갖추면 될 것 같은데, 왜 어떤 사람들에게는 그것이 힘이 들까요? '자비마음훈련' 프로그램을 만든 길버트 박사와 동료들은 '자비' 수준에도 개인차가 있다는 것을 발견했습니다. 그리고 사람들마다 몇 가지 다른 이유로 자비를 꺼린다는 사실을 알아냈습니다. 몇 년간의 실험과 관찰 끝에 연구팀은 '자비에 대한 두려움fears of compassion'을 세 가지 종류로 분류했고, 이것을 각각 측정하는 척도를 개발했습니다. 바로 타인에 대한 자비 두려움, 그리고 타인에게서 자비를 받는 것에 대한 두려움, 마지막으로 자기 자신에 대한 자비 두려움입니다.

세 가지 유형의 자비 두려움은 그 맥락이 조금씩 다릅니다. 우선, 타인에게 자비를 느끼는 것을 꺼려하는 사람들은 '내가 너무 자비로우면 사람들이 내게 지나치게 의존하려 할 것이다' 또는 '자비심이 넘치면 이용당하기 쉽다' 등의 생각을 갖고 있었습니다. 그리고 타인에게서 자비를 받는 것에 대한 두려움을 갖는 사람들은 '사람들이 내게 뭔가 필요한 것이 있을 때에만 친절하고 자비로운 게 아닐까 걱정한다' 또는 '누가 내게 친절하거나 마음을 쓴다면 나는 벽을 세운다' 등의 반응을 보였습니다. 마지막으로 자기 자신에게 자비를 갖기 어려운 사람들은 '내가 나한테 자비심을 가지면 내가 약해질까 봐 두렵다' 또는 '내가 나 자신에게 자비심을 많이 느끼면 나쁜 일이 생길 것 같아 두렵다'는 생각을 갖고 있었습니다. 분노나 불안에 사로잡혀 있어 자신이나 타인을 돌볼 마음의 여유가 없는 사람들도 자비를 갖기 힘들었습니다. 한편 자비가 사람을 너무 부드럽고 유약하게 만들 거라고 믿기 때문에 꺼리는 사람들도 있었습니다. 또한 타인이나 자신에게서 받는 자비가 도움이 된다는 사실은 알면서도 자신이 받을 자격이 없다고 생각하거나 자신의 능력으로는 어려울 것이라고 생각하는 사람들도 있었습니다.[24]

우리는 2장에서 '애착'에 대해 살펴보았습니다. 애착은 본래 영유아의 행동을 설명하기 위한 개념이었지만 인생 전반에 걸쳐 관계에 영향을 끼치는 '성인애착'의 개념으로 발전되었다고 했죠. '누군가에게 조건 없이 받아들여질 수 있는가, 나는 이 사람과의 관계에서 안전한가'에 관한 주제이기도 합니다.

길버트 박사는 '애착'과 '자비'의 관련성에 대해서 오랜 연구를 한 끝에, 늘 경쟁적이고 성공을 강박적으로 추구하며 자신이 열등하다는 생각에 시달리는 사람은 어린 시절에 '애착'의 문제들을 겪었다는 점을 발견했습니다.[25] 안정적인 애착을 경험하지 못하면 내가 속한 관계나 집단에서 안전하지 않기 때문에 무언가 더 잘해야 하고, 성과를 보여주어야 한다는 생각에 집착할 수 있습니다. 그래서 항상 자신을 비판하고 부족하다 여깁니다. 심해지면 만성적인 스트레스나 우울, 불안을 겪기도 합니다.[26] 이런 사람은 타인에게 자비의 마음을 받는 것도, 자기 스스로에게 자비를 갖는 것도 꺼립니다. 심지어 자신이 행복감을 느끼는 것조차 불편해합니다. 그랬다가 안 좋은 일이 생길까 봐 불안해하기도 하고, 자신이 그럴 만한 자격이 없다고 여기기도 합니다.[27] 안심이 안 되는 것이지요. 그래서 끊임없이 자신을 채찍질하고 혹독하게 대합니다.

자기 자신을 따뜻하게 대하고 돌보는 것에 익숙하지 않은 사람은 자신에게 '수고했어' '애썼네' 같은 말조차도 꺼려합니다. 그럴 경우에는 좋아하는 친구나 사랑하는 사람을 떠올리면서, 그 사람 대하듯 내게 해보는 것도 도움이 됩니다. 내가 키웠던 자녀나 애완동물도 좋습니다. 어떤 존재를 아끼고 사랑하고 보살폈던 기억은 누구나 갖고 있을 테니까요. 아끼는 존재가 잠시 내 몸 안으로 들어왔다고 상상해보면 어떨까요? 그러고는 내 이름이 지영이라면 "나 화났다"가 아니라 "지영이가 화가 났구나"라고 말을 걸어보는 겁니다. 내가 아끼는 존재가 화가 났다고 하니, "지영아, 무엇에 화가 났니? 내가 어떻게 해주면 좋겠니?"라고 자연스럽게 물어보게 되겠지요. 이렇게 나 자신에게 3인칭 시점으로만 말을 걸어도 정서조절이 더 잘된다는 연구 결과[28]도 있답니다.

# 직장에서의 성공과 행복의 열쇠, 자비

직장인들은 하루가 끝나는 시간에 대개 녹초가 되고 피로를 느낍니다. 우리는 간밤에 숙면을 취하지 못했거나 회사에서 일이 너무 많기 때문이라고 생각하죠. 하지만 오레곤대학교의 심리학자 엘리엇 버크먼Elliot Berkman 교수는 농사를 짓거나 병원에서 일하는 레지던트처럼 신체적으로 고단하게 일하는 상황이 아니라면 우리의 피로는 대부분 심리적인 것이라고 말합니다.[29]

정말로 아무것도 할 수 없을 만큼 지쳐야만 피로를 느끼는 것은 아닙니다. 신체적으로 그렇게 소진되려면 시간이 더 많이 들지요.

버크먼 교수에 따르면, 사람들이 항상 피곤하다고 느끼는 것은 대개 강도 높은 정서 때문입니다.

강렬한 부정적 정서가 우리를 얼마나 지치게 하는지는 새삼 설명할 필요도 없을 겁니다. 갑자기 화를 내거나 극심한 공포에 떨고 나면 몸과 마음이 피곤해지고 맥이 쭉 빠지죠! 하지만 스탠퍼드대학교의 심리학자 엠마 세팔라Emma Seppala[30]에 따르면 부정적 감정만 우리를 피곤하게 하는 것은 아닙니다. 지나치게 긍정적인 감정도 사람을 피곤하게 만들 수 있습니다. 특히 만족감이나 차분함보다 즐겁고 신나는 감정에 가치를 두는 사람들은 적극적으로 이를 추구하고, 삶이 언제나 좀 더 즐겁고 흥분되기를 바랍니다. 하지만 강렬한 긍정적 감정은 불안이나 화 같은 강한 부정적 감정만큼이나 생리적 각성을 유발합니다. 연애 초기에 데이트하러 가던 날들처럼 말이지요. 심장박동이 빨라지고 손에 땀이 나며 몸은 작은 일에도 쉽게 반응하는 상태가 됩니다. 스트레스 반응도 활성화되기 때문에 흥분이 오랜 시간 지속될 경우 마치 스트레스처럼 면역력과 기억력, 주의집중에 문제를 일으킬 수 있습니다. 결국 부정적이든 긍정적이든 강도가 높은 감정은 몸에 부담을 준다는 말입니다.

물론 정신적으로도 부담을 줍니다. 신체적으로 지나치게 각

성되면 차분하게 앉아 생각을 하나에 집중하기가 쉽지 않습니다. 강렬한 감정을 느낄 때에는 이른바 '투쟁-도피 반응fight or flight response'(긴박한 위협 앞에서 빠른 방어 또는 문제해결 반응을 보이기 위해 흥분된 생리적 상태)이 일어날 때 불이 붙는 영역인 편도체가 활성화됩니다. 그리고 전전두피질이 활성화되면서 갖가지 정서조절 전략이 동원됩니다. 이러한 노력을 하다 보면 우리는 쉽게 피곤해집니다. 아무리 좋은 만남이라도 너무 흥분해서 떠들고 돌아오면 왠지 허무했던 경험 없나요? 흥분되고 신나는 일을 경험한 뒤에 갑자기 축 처지는 것은 이렇게 에너지가 많이 쓰이는 데에서 오는 피로감 때문일 수 있지요. 그래서 최근에는 단순히 긍정적 정서가 아니라 만족감, 편안함과 같은 낮은 강도의 긍정적 정서가 심신의 건강에 더 좋은 영향을 준다는 주장들이 제기되고 있습니다.

이런 관점을 갖고 있는 대표적 학자인 세팔라 박사는 스탠퍼드 대학교의 '자비와 이타주의 연구 및 교육 센터'[31]에서 기업 경영과 조직 운영에 자비를 어떻게 접목할지 연구해왔습니다. 세팔라 박사는 흥미롭게도 '성공을 위해 단기적 행복을 희생해야 하고, 어쩔 수 없이 스트레스를 받아가며 경쟁해서 살아남아야 한다'는 상식적인 생각에 근거가 없다고 주장합니다. 그의 주장을 압축해보면, 우리가 어떻게 타인과 연결되어 있는지 알고 나와 타인에게 자비를 가지면 몸과 마음이 건강해지고 행복감을 높여, 오히려 장기적으로는 성공을 달성하게 해준다는 얘기가 돼요.[32] 끝없이 노력해야 한다거나 스트레스 없이는 성공할 수 없다는 것, 어떤 비용을 치르더라도 버텨야 한다는 것, 내 과업에만 집중하고 역량을 강화해야하며 오직 최고가 되도록 애써야 한다는 것 등은 성공에 관한 왜곡된 믿음이라는 것이죠. 이런 잘못된 믿음들이 사람들에게 결과 중심의 단기적 시각을 갖게 해 심신을 지치게 하고 끝없이 불행한 마음이 들게 한다고 세팔라 박사는 주장합니다. 세팔라 박사에 따르면 행복은 성공해서 얻어지는 결과가 아니라, 오히려 성공으로 이끄는 원인입니다.

물론 이때의 행복이란 열정이나 흥분과 같이 강하게 일어나는 감정이 아니라, 차분함·만족감·평화로움과 같이 강도가 낮은 긍정적 정서를 말합니다. 이러한 정서들은 스트레스에 더욱 잘 대응하게 해주고 역경을 만나도 문제를 더 능숙하게 해결하도록 해줍니다. 벌어진 일에 대해 더 합리적이고 효과적으로 대처할 수 있게되면서 대인관계도 좋아질 수 있지요.

## 자비를 기르는 법

마음과 뇌에 대한 새로운 관점을 제시하는 철학자 야콥 호비[33]에 따르면, 우리 뇌는 내부 모델을 사용해 다양한 감각신호의 원인을 예측하며, 예측오류를 최소화하는 데 집중합니다. 뇌는 몸의 감각기관들로부터 입력되는 정보들에 대해 늘 실시간으로 가설을 제시하고 테스트하면서 환경에서 생존하기 좋도록 우리 자신을 적응시켜나가는 기능을 합니다. 갑자기 내 옆에서 쿵 소리가 날 때 우리는 그것이 내게 위협이 되는 것인지 아닌지 재빨리 파악하려고 합니다. 늦은 밤 엘리베이터 안에 혼자 있는데 낯선 이가 들어올 경우, 우리는 본능적으로 그 사람의 얼굴을 보며 내가 안전한 상황에 있는지 살핍니다.

이처럼 뇌는 새로운 환경에서 일어나는 변화들을 항상 예측하려 하고, 동시에 그 예측이 빗나가는 경우를 최소화하려고 애씁니다. 그래서 인간의 마음은 끊이지 않고 흘러들어오는 정보를 해석하고 정정하느라 늘 바쁩니다. 근본적으로 우리의 생각과 감정은 '나'라는 생명체가 생존하기 좋은 상태를 유지하기 위해 일어납니다. 위험한 것, 불쾌한 것을 피하고 안전한 것, 즐거운 것을 끌어당기는 것이지요. 그래서 우리의 머릿속은 항상 시끄럽습니다. 산만하게 생각이 끊이지 않는 것이 당연합니다.

마음챙김을 하면서 고요한 마음을 가지려고 애쓰다가도 곧 다른 생각이 일어나면 자신도 모르게 짜증이 나기도 합니다. 하지만 마음챙김은 무엇에 집중하는 것이 아닙니다. 아무것도 붙잡지 않고 시시각각 마음에서 일어나는 것들을 판단하지 않고 바라보는 것입니다. 어떤 생각이나 감정이 떠오르면 좋다, 싫다 판단하면서 그걸 없애려고 애쓰는 것이 아니라, 내 마음에 그것이 떠올랐다는 것을 아는 것입니다. 마음에 일어난 감정이나 생각에 반응하면서 좇아가다 보면 생각이 꼬리에 꼬리를 물어 이내 과거나 미래에 대한 공상에 빠지지만, 다시 그것을 알아차리면서 지금 이 순간으로 돌아오면 마음챙김이 잘되는 것입니다. 다시 말해 마음챙김이란 마음이 어디론가 가는 것을 '보고, 멈추고, 여기로 돌아오게 하는 것'의 연속입니다.

이러한 마음챙김에 자비의 요소를 접목하면 자비 훈련이 됩니다. 예를 들어 걷기에 대한 마음챙김을 하는데 단순히 걸음에 주의를 기울이는 것이 아니라, '내 작은 발이 커다란 몸을 나아가게 하는구나' 또는 '가느다란 발목이 이 무거운 몸을 받치고 있구나' 하면서 대상에게 고마운 마음을 갖는 것이지요. 직접 말을 해도 좋고 마음만 보내도 좋습니다. 그래서 자비 훈련을 '따뜻한 마음챙김'이라고 부르기도 하는 것입니다.

마음챙김을 하고 있는 나에 대해서든, 어떤 대상에 대해서든, 세상 어느 존재를 향해서든 자비의 마음을 가질 수 있습니다. 보통 자비명상 지도자들은 "당신이 고통에서 벗어나기를 기원합니다. 당신의 몸과 마음이 편안해지기를 기원합니다"와 같은 문장을 외면서 수련하도록 권유합니다. 하지만 정해진 공식이 있는 것은 아닙니다. 나 자신을 따뜻하게, 누군가를 따뜻하게 어루만지고 위로하는 방식은 아마 내가 가장 잘 찾아내겠지요. (하지만 아직 익숙하지 않은 분들을 위해 간단한 방법 두 가지를 6장 끝에 소개합니다.)

　타인이 나를 함부로 평가하는 것을 좋아하는 사람은 없습니다. 누군가 나를 잘 알지도 못하면서 이러쿵저러쿵 판단하고 잔소리한다면 누구나 싫어합니다. 비판은 더더욱 싫어하지요. 그런데 살면서 과연 나를 가장 많이 판단하고 평가하는 사람은 누구일까요? 누가 나를 제일 못살게 굴까요? 바로 나 자신입니다. 내가 사람들에게 인기가 있거나 좋은 평가를 받으면 우쭐해지고, 비판받고 무시당했다고 느끼면 금방 위축됩니다.

　자기자비는 나를 판단하거나 비판하지 않는 것입니다. 하지만 나를 좋아하고 사랑하려고 노력하는 것 또한 아닙니다. 긍정적으로 보려고, 장점을 찾으려고 애쓰는 것도 아닙니다. 살아 있는 존재들 중 하나로 내가 이 광대한 우주에 잠시 머물러 있는데 내가 잘나면 얼마나 잘났고 못나 봐야 얼마나 못났겠습니까. 그런 담담한 마음으로 내가 좋든 싫든, 있는 그대로 받아들이는 것이지요. 나를 '그들 중 하나'로 보는 것이죠. 그러면 어떤 어려움을 겪더라도 나를 비난하거나 책망하기보다는 지혜롭고 합리적인 선택을 할 수 있습니다. 그래서 나는 자비가 자존감보다 훨씬 나은 대안이며, 많은 정신적 어려움을 해결해줄 열쇠라고 생각합니다. 과거에 어떤 문제가 있었든, 현재 내 마음에 앞으로의 나 자신을 인도할 힘이 들어 있습니다.

자, 이제 마지막 장이 남았네요. 이 책을 시작하면서 많은 분이 내게 털어놓은 고민에 대해 얘기했습니다. "내가 원하는 것이 무엇인지 모르겠다. 앞으로 어떤 삶을 살고 싶은지 모르겠다"는 것이지요. 이제 '내 마음을 읽는 것'이 왜 중요하고 어떻게 하면 휘둘리지 않고 탄탄한 삶을 살 수 있을지 정리를 해야 할 때입니다.

7장에서는 시간과 공간의 한계를 뛰어넘어 마음을 읽는 능력인 '조망수용'에 대해 알아볼 것입니다. 시공을 뛰어넘는다 하니 무슨 마법같이 느껴지죠? 사실은 우리가 별 생각 없이 일상적으로 하는 것입니다. 얼굴만 봐도 저 사람 지금 마음이 어떻다고 딱 알 때가 있잖아요. 그런데 어떻게 아는 것일까요? 내가 저 사람과 신경이 연결된 것도 아닌데 말이죠. 다른 사람의 마음을 아는 것이 내 마음을 읽는 것, 내 뜻대로 원하는 삶을 사는 것과 어떤 관련이 있을지 한번 알아볼까요?

6장을 마무리하기 전에 잠시 두 눈을 감고 충전 좀 하겠습니다. 자비를 촉진하는 간단한 방법을 소개했으니 한번 그대로 따라 해 보세요. 10분만 쉬겠습니다.

# 아끼는 존재 떠올리기[34]

### (소요시간: 10분)

- 편안히 앉아 잠시 마음을 준비한다.

- 온몸으로 숨을 쉰다는 느낌으로 대여섯 번 깊게 호흡한다.

- 애완동물이나 자녀 등 내가 아끼고 보살폈던 존재가 있는가? 사랑하는 사람, 소중한 친구도 좋다. 내가 관심을 갖고 염려하는 존재가 있다면 그 존재의 모습을 떠올린다. 그리고 지금 내 앞에 앉아 있다고 상상한다. 그 존재는 나를 아끼고 사랑하는 마음으로 내 앞에 있다.

- 한 손을 가슴 위로 갖다 대며 호흡을 계속한다. 숨을 들이쉴 때에는 그 존재의 사랑이 내 안으로 들어오고, 숨을 내쉴 때에는 사랑을 상대에게 돌려준다. 따뜻함과 친절함을 들이마시고, 감사함과 사랑을 내쉰다는 느낌으로 천천히 호흡을 계속한다.

- 숨을 쉴 때마다 그 존재와 나 사이에는 친절과 따뜻함이 가득 채워진다.

- 천천히 눈을 뜬다.

# 고통 따뜻하게 감싸기[35]

### (소요시간: 10분)

- 편안히 앉아 잠시 마음을 준비한다.

- 온몸으로 숨을 쉰다는 느낌으로 대여섯 번 깊게 호흡한다.

- 내 주위 사람 중 몸이 아프거나 마음이 힘든 사람을 떠올린다.

- 그 사람의 모습에 나의 친절함, 사랑하는 마음을 가득 채운다.

- 잠시 그 사람의 처지가 되어 그 사람의 고통을 경험해본다.

- 내 입장으로 돌아와 소망을 말한다.

- "당신이 고통에서 벗어나기를 기원합니다. 당신의 몸과 마음이 편안해지기를 기원합니다."

- 그 사람이 고통의 원인을 분명히 알고 고통에서 벗어난 모습을 떠올린다.

- 천천히 눈을 뜬다.

Psychology for life

# 7장

# 마침내, 진짜 나를 만날 시간

## 나를 바꾸는 마음도구 3. 조망수용

**자기 마음 때문에 힘든지도 모르는 당신에게**

자존감이 놓친 것은, 저 멀리서 내 마음을

내려다보는 능력입니다

**누군가의 광기가 어떤 사람에게는 현실이다.**

_팀 버튼

두 사람이 상대방의 멱살을 쥐고 고성을 지르며 싸웁니다. 길 가던 사람들이 그 모습을 구경하느라 멈춰 섭니다. 제삼자의 입장에서는 상황이 비교적 잘 보입니다. 하지만 싸우고 있는 두 사람은 각자 자신의 시각에 빠져, 그 밖에 다른 입장이나 상황에 대해서는 보려고도 들으려고도 하지 않습니다. 내가 처한 상황에 매몰되지 않고 위로 올라와 전체 그림을 볼 수 있는 것, 이것이 조망수용입니다. 지금 어떤 감정이나 생각이 나를 힘들게 하더라도 조망수용이 된다면 그보다 한층 위에서 맥락을 볼 수 있죠. 이런 힘은 어떻게 기를 수 있을까요? 그리고 무엇에 도움이 될까요?

"어떻게 사람이 그럴 수 있어!" 또는 "그 사람 완전 미친 거 아니야?"라고 개탄해본 적이 누구나 있을 겁니다. 하지만 그 사람의 맥락에서 보면 정말 앞뒤가 잘 맞아떨어지는, 아주 타당한 상황인 경우도 있지요.

나는 상담 일을 하면서 "세상이 내게 적대적이다, 모두가 나를 괴롭히려고 음모를 꾸미고 있다"고 주장하는 청년을 만난 일이 있습니다. 그는 길거리에 나가면 사람들이 자신에 대해 부정적인 말을 하거나 해코지할까 봐 되도록이면 집 밖으로 나가지 않았고, 집에서도 가족들이 자기 흉을 볼까 봐 방 안에 꼼짝 않고 있는 날이 많았습니다. 청년의 어머니만 한숨을 쉬며 음식을 방으로 갖다주곤 했지요. 가족들이 다 잠든 한밤중에 청년은 밖으로 나와 씻고 거실을 어슬렁거리다가 새벽 무렵 자기 방으로 들어오는 일상이 계속되었습니다. 가족들은 이 청년이 미쳐가고 있다고 생각했습니다. 하지만 청년의 하소연을 들어보니 짐작 가는 바가 있었습니다.

어린 시절부터 그는 형과 여동생에 비해 '모자란' 아이였습니다. 형은 공부 잘하고 말썽 한 번 피운 적 없는 모범생이었고 여동생은 외향적이고 리더십이 있어 반장·회장을 도맡아 하며 가족의 분위기를 이끌었지만, 그는 이렇다 할 장점이나 재주가 없었습니다. 부모가 보기에 그는 게으르고 산만하며, 생각이 없고 무책임했지요. 공부는 취미가 없다며 기술을 배우겠다고 일반고가 아닌 기술고등학교로 진학했지만 성적도, 기술도 늘지 않았습니다. 그렇다고 해서 싸움을 하거나 나쁜 친구들과 몰려다니며 비행을 일삼는 사람도 아니었습니다. 다만 눈치가 없고 센스가 부족해 친구를 잘 사귀지 못했습니다. 혼자 멍하니 앉아 있을 때가 많았지요. 하지만 워낙 엄격하고 매사 성실했던 그의 부모는 그런 그를 내버려두지 않았습니다. 그는 "네가 문제다" "좀 열심히 해봐라" "언제 정신 차릴래?" 같은 비난을 일상적으로 들으며 자랐습니다.

그는 점점 자신에게 정말 문제가 있다고 생각하기 시작했습니다. 형과 여동생은 일찍이 진로를 계획해 모두 자리를 잡았는데 자신만 나이 스물여덟에 할 줄 아는 건 아무것도 없는 사람이 되어 부모 신세를 지고 있습니다. 편의점 알바로 일해도 손님과 다투거

나 오해를 받아 그만두었고 이런저런 일을 해봐도 6개월을 넘기지 못해 집으로 돌아왔습니다. 그는 사람들이 자꾸 자신을 속이고 음모를 꾸민다는 생각 때문에 견디기 힘들었습니다. 점차 집 밖으로 나가지 못하게 되었고 방 안에서 하루 종일 인터넷을 하며 보냈습니다. 온라인 동호회, 커뮤니티를 돌아다니며 자신과 비슷한 증상을 가진 사람들을 만나 채팅을 하고 정보를 나누는 것이 그의 일과였습니다. 그러던 중 가족들에 의해 병원으로 보내져 망상장애라는 진단을 받았습니다. 그는 이제 가족들이 자신을 해코지하고 있다고 주장합니다.

## 점점 사람 만나기가 겁나는 이유

이 사람에게 무슨 일이 일어난 것일까요? 여기서 정신의학적 또는 신경과학적 소견은 잠시 접어두겠습니다. 내가 주목하는 것은, 어느 누구에게서도 "그럴 만도 했겠네" 또는 "네 말이 옳아"라는 말을 들어보지 못했던 사람이 어느 날 맞닥뜨리게 된 무섭고도 슬픈 결과입니다. 그는 어린 시절부터 부모에게서 "너 이상해. 문제가 있다" 또는 "그건 아니지. 이렇게 해라"라는 말을 들어왔습니다. 자신의 느낌이나 생각을 말하면 비웃음을 받거나 혼이 났습니다. 자신의 생각과 감정을 부정당해온 사람이 과연 자기 자신에 대해 믿음을 가질 수 있을까요? 사람들한테 매일같이 "네가 틀렸다. 이상하다"며 궁지에 몰린 사람은 살면서 어떤 선택을 할 수 있을까요? 어쩌면 세상이 틀렸다, 사람들이 모두 이상하다고 믿어야 살 수 있지 않았을까요?

시카고대학교의 신경과학자 존 카치오포John Cacioppo는 왜 인간이 사회적인 동물인지, 왜 관계 안에서 생존할 수밖에 없는지를 신경과학적 근거를 토대로 설명하는 대표적인 학자입니다. 카치오포의 연구팀은 타인에게 받아들여지지 않는다는 것, 친밀하고 가까운 관계를 맺지 못한다는 것이 어떤 결과를 초래하는지 수십 년간 연구해왔죠. 그 연구 결과에 따르면, 관계를 맺지 못하고 고립된 사람들은 타인의 얼굴을 더 위협적으로 느낀다고 합니다.[1] 그래서 점점 더 타인과 교류하기 어려워지는, 이른바 '고독이 고독을 낳는' 결과를 초래한다는 것이죠. 왜 그럴까요?

카치오포 박사는 고립감의 문제를 '굶주림'에 빗대어 설명합니다. 배가 고프면 우리는 뭔가를 좀 먹어야겠다고 느낍니다. 굶주림으로 쓰러지지 않으려면 무언가를 먹어야 합니다. 그래야 살 수 있어요. 굶주림이라는 느낌이 '물리적인 몸physical body'을 돌보기 위해 있는 거라면, 외로움은 '사회적인 몸social body'을 돌보기 위한 것이라고 카치오포 박사는 말합니다. 배가 아무리 고파도 독버섯처럼 독이 있는 것을 먹으면 안 되잖아요? 그래서 인간은 본능적으로 독과 관련이 있다고 여겨지는 '쓴맛'을 피하는 방향으로 진화했습니다. 태어난 지 얼마 되지 않은 신생아도 쓴맛이 입술에 닿으면 얼굴을 찌푸리며 고개를 돌립니다.[2] '사회적인 몸' 역시 사람을 무조건 많이 만나는 것이 목표가 아니에요. 내 생존에 불리하지 않게 '안전한 사람'을 만나는 것이 목표입니다. 내게 해를 끼치거나 위협이 되는 사람을 피하는 것이 가장 우선이죠. 독이 아닌 것을 독으로 오인해 피하는 것은 크게 위험하지 않습니다. 그 반대, 즉 독인 것을 모르고 먹는 것이 위험하죠.

관계도 마찬가지입니다. 내게 위협이 되는 '적'인 줄 알고 피했는데 알고 보니 '친구'였다, 이것은 큰 문제가 되지 않습니다. 친구를 빨리 사귀긴 어렵겠지만 그래도 생존은 가능하지요. 하지만 '적'을 '친구'로 오인해 가까이 했다가는 뼈아픈 대가를 치를 가능성이 높습니다. 재산이나 평판을 잃거나 심한 경우 목숨을 잃을 수도 있죠. 진화를 거치면서 우리 뇌는 이런 위험을 줄이기 위해 편견을 갖도록 만들어졌습니다. 그리고 인간은 예상하는 것, 기대하는 것에 따라 지각하기 때문에 이러한 편견 또는 믿음이 현실에 영향을 끼칩니다. 그러니 나를 싫어한다고 느껴지는 사람과 내게 호의를 가지고 있다고 여겨지는 사람이 같은 것을 부탁해올 때 우리는 똑같이 반응하지 않죠. 인간은 모두 연결되고 싶어하고 소속감을 느끼기를 바랍니다. 하지만 아무나 만났다가 피해를 보거나 죽을 수도 있다는 본능적인 위기감에 따라 우리 뇌는 타인에 대해 일단 의심하고 안전한지 확인하려는 신경기제를 발달시켜왔습니다.

## 고독이 뇌에 일으키는 변화

고독의 신경과학적 토대와 관련해서, 고립이 뇌에 어떤 영향을 끼치는지 보여준 최근의 연구를 하나 살펴보겠습니다. 신경과학에서는 인간을 대상으로 모든 실험을 할 수 없기 때문에, 인간과 신경계가 가장 비슷하다고 하는 쥐를 대상으로 실험을 많이 해요.

MIT의 질리언 매슈스Gillian Matthews 박사의 연구팀은 코카인 복용이 뇌에 어떤 변화를 일으키는지 연구하기 위해 실험을 실시했습니다.[3] 쥐를 두 집단으로 나누어 한 집단에는 코카인을, 한 집단에는 소금을 주사했습니다. 다른 변수의 영향을 최대한 줄여야 하기 때문에 쥐들을 각각 똑같은 크기의 철망 우리에 한 마리씩 넣었습니다. 코카인을 주사하고 나서 24시간 뒤에 어떤 뉴런의 연결이 강화되는지 살펴봄으로써 코카인의 중독성이 어떤 뇌신경과 관련이 있는지 알아보고자 했던 것이지요. 그런데 흥미롭게도 그다음 날, 마약을 주사한 쥐들이나 소금을 주사한 쥐들에게서 똑같은 신경배선이 두드러지게 관찰되었습니다. 코카인이나 소금에 관계없이 똑같은 영역의 신경연결이 강화된 것입니다. 등측봉선핵 dorsal raphe nucleus, DRN이라고 불리는 뇌 영역이었습니다. 연구팀은 실험 설계에 무슨 오류라도 있었는지 샅샅이 살펴보았지요. 무엇이 등측봉선핵에 변화를 일으켰는지 의문이었습니다.

오랜 분석 끝에 알아낸 원인은 바로 24시간의 '고립'이었습니다. 본의 아니게 인류역사상 최초로 '사회적 고립'과 관련이 있는 뉴런들을 발견하게 된 것이지요. 연구팀은 이 우연한 발견을 계기로 연구의 방향을 바꿔 '등측봉선핵과 고립'에 관한 후속 연구를

하기 시작했습니다. 등측봉선핵을 자극하면 어떤 변화가 일어나나 살펴봤지요. 광유전학optogenetics 기술로 세포들을 빛에 노출해 흥분시키자 쥐들은 기분이 나빠진 듯했어요. 물리적 고통을 피하려는 듯 자극을 피하려고 애썼습니다. 실험이 끝나 풀려난 쥐들은 필사적으로 동료 쥐들과 같이 있으려 했고, 이후에도 혼자 있는 것을 피하고 다른 쥐들과 시간을 보내려 했습니다. 마치 보상을 받으려는 듯 말이지요.

이로써 뇌가 사회적 고립을 싫어한다는 직접적인 신경과학적 근거가 발견되었습니다. 인간에 대한 직접적인 실험은 아니지만, 쥐와 인간의 신경계가 비슷하다는 점에서 카치오포 박사는 이것을 우리가 왜 고립을 싫어하는지 신경과학적으로 설명해낸 연구 결과라고 봅니다. 사회문화적인 이유도 있지만 그보다 더 근본적으로 인간은 단절되는 것, 혼자 고립되는 것 자체를 싫어한다는 것입니다. 물론 사람에 따라 외로움에 대한 민감성은 차이가 큽니다. 혼자 있기를 좋아하는 사람도 있고 언제 어디서고 친구와 함께 있고 싶어하는 사람도 있지요. 카치오포 박사에 따르면 혼자 있는 것이 곧 외로움이나 고립을 의미하는 것은 아니며, 누군가와 함께 있어도 고립감을 느낄 수 있습니다. 인간이 외로움을 느끼는 이유의 절반이 유전자에 달려 있다고 주장하는 그는 이렇게 말합니다.

"유전되는 것은 외로움이 아니라 단절의 고통이다."

# 외로우면 면역력이 약해진다

'외로움'이 단지 마음의 문제만은 아니라는 것을 보여주는 근거가 또 있습니다. UCLA의 스티브 콜Steve Cole 교수는 사회적 환경이 암과 면역계에 끼치는 영향에 대해 연구해온 사회유전체학, 곧 소셜지노믹스social genomics(생물 유전체의 구조와 기능을 연구하는 유전체학의 한 분야)의 개척자입니다. 그는 동료 연구자들과 함께 5년간 141명을 추적 연구했습니다.[4] 그들은 해마다 연구 참여자들이 얼마나 외로움을 느끼는지 측정하고 혈액을 채취해 면역 및 염증과 관련된 유전자들의 활동을 추적했습니다. 또한 '투쟁-도피 반응'과 관련이 큰 호르몬 중 하나인 노르에피네프린 norepinephrine(노르아드레날린noradrenaline이라고도 부르죠) 농도를 체크했죠.

연구팀은 사람들이 외로움을 느낄 때 혈액에서 노르에피네프린이 훨씬 많이 검출된다는 사실을 발견했습니다. 이것은 사람이 사회적 고립으로 고통받을 때 그의 면역계에도 변화가 일어날 수 있다는 것을 그대로 보여줍니다. 생존을 위협받을 때 노르에피네프린은 혈액을 따라 온몸으로 뿜어지고 백혈구의 일종인 단핵구 monocyte 생산이 늘어납니다. 이렇게 백혈구가 급증하는 것은 상처가 났을 때 염증에 빠르게 대응하기 위한 방어작용이죠. 하지만 동시에 바이러스 방어와 같은 면역기능은 정지하기 때문에 일시적으로 면역력이 떨어지는 결과를 초래합니다.

이런 경험이 거듭되면 사회적 고립은 면역력을 떨어뜨릴 수 있습니다. 그리고 면역계에 이상이 생기면 두려움, 불안과 관련이 있는 뇌의 편도체를 활성화시켜 대인관계를 기피할 수 있습니다.[5] 고립이 면역력을 떨어뜨리고, 그것이 다시 고립을 유발하는 악순환이 만들어지는 것이죠. 면역계와 뇌(심리적 증상)의 관계에 대한 연구는 이제 막 시작 단계라고 할 수 있습니다. 하지만 분명한 점은 뇌의 변화만 일방적으로 몸에 영향을 끼치는 것이 아니라 몸의 변화 역시 뇌 또는 마음에 영향을 끼치는 '양방향two-way street' 구조로 되어 있다는 것입니다. 우리는 심리적 증상이라고 하면 그것이 모두 '마음의 문제'라고 흔히 생각합니다. 하지만 상황에 따라 그것은 뇌에서 일어난 문제일 수도 있고 몸에서 비롯된 문제일 수도 있습니다. 어디에서 시작된 문제든 심리적 증상은 뇌와 몸, 그 사람이 놓인 환경과 맥락을 충분히 들여다보아야 이해할 수 있죠.

## 조망수용이란 무엇인가

친밀한 관계를 안정적으로 지속시키지 못하는 사람은 다른 사람의 마음을 잘 읽지 못하는 경우가 많습니다. 타인의 마음을 읽고 이해하는 것과 관련이 있는 뇌 영역은 측두두정엽temporoparietal, 설전부precuneus, 내측전전두피질 등입니다. 이 중에서도 저 사람이 지금 무슨 생각을 하고 있는지 추측하는 것과 가장 크게 관련된 부분은 우뇌의 측두두정연접right temporoparietal junction입니다.[6] 측두두정연접이라는 영역은 공감, 이타심, 도덕성, '생각에 대한 생각'을 뜻하는 메타인지와 관련이 있습니다.[7] '내가 지금 이런 생각을 하고 있네' 또는 '내가 지금 저 친구를 질투하는구나' 하며 내 마음에서 일어나는 것을 머리 위에서 조망하듯 볼 수 있는 것이 이 영역 덕분이죠. 또한 주의를 한 곳에서 다른 곳으로 옮기는 것에도 관여합니다.[8] 내 입장만 생각하다가 문득 상대방 입장에서 생각하게 되면서 미안하거나 부끄러워질 때가 있지요? 관점을 이동하고 조망하는 능력은 타인의 생각을 추론하는 것, 내 마음을 알아차리는 능력 둘 다와 관련이 있습니다.

이처럼 타인이 무엇을 생각하는지 이해하는 능력이자 자기 자신을 타인의 입장에 두어 생각해볼 수 있는 능력, 타인의 정서를 이해할 수 있는 능력을 '조망수용'이라고 합니다.[9] 공감과 비슷하게 들리지요? 하지만 차이가 있습니다. 공감은 타인에 대한 정서적인 이해만을 의미하지만, 조망수용은 타인의 감정뿐만 아니라 생각과 처지, 상황 등을 그 사람의 맥락에서 이해하는 것인 동시에, 자기 자신의 생각이나 감정, 처지나 상황도 위에서 조망하고 내려다볼 수 있는 프로세스를 말합니다. 공감은 주로 남한테 쓰는 말이 잖아요? 조망수용은 나와 타인을 모두 아우릅니다. 예를 들어 지금 내가 이 선택을 하면 나중에 어떤 마음이 들겠구나 하고 미루어 짐작할 수 있는 것도 조망수용입니다. 앞에서 마법이라고 표현했듯, 나와 타인의 마음을 왔다 갔다 하니까 공간적 이동이고, 지금의 나와 미래의 나를 왔다 갔다 하면서 생각을 조절할 수 있으니까 시간적 이동이 가능한 셈이죠?

조망수용을 통해 우리는 자기중심적 관점에서 벗어나 타인의 관점을 수용하고 상대의 기대에 부합하게끔 행동할 수 있습니다.[10] 조망수용은 타인의 행위를 예측하고 적절하게 반응하게 함으로써 대인관계의 상호작용을 긍정적으로 촉진시킵니다.[11] 상대방의 입장을 충분히 공감하지 않은 상태에서 농담을 하거나 충고를 했다

가 상대방에게 상처를 주거나 기분 상하게 만들어 아차 싶었던 적 있죠? 타인의 상황이나 관점을 제대로 이해하지 못했을 때 우리는 의도치 않게 관계를 망가뜨리기도 합니다.[12] 이처럼 조망수용은 대 인관계를 매끄럽게 도와주고 사회성을 높여줄 수 있지만, 이것이 전부는 아닙니다.

## 조망이 안 되면 자제력도 약해진다

자신의 마음을 타인의 것처럼 조망해서 보면 불리한 상황에서도 감정에 압도되거나 허우적대지 않고 차분히 대처할 수 있습니다. 또한 타인의 입장에서 그의 감정, 생각, 동기 등을 이해할 수 있다 면 의사소통이 잘되어 대인관계가 좋아질 수밖에 없겠지요. 그런 데 이 조망수용이 최근 또 주목받게 된 이유가 따로 있습니다. 바 로 '자제력self-control'에 대한 최근 연구 때문입니다.

충동을 자제하고 자신을 조절하는 인간의 능력은 전전두피질 과 관련이 있다고 알려져 있지요. 전전두피질은 우리가 무언가 에 집중하고 사고하고 계획을 세우며 조절하는 전반적 실행기능 을 담당하는 뇌 영역입니다. 그런데 최근 취리히대학교 알렉산더 수첵Alexander Soutscheck 교수의 연구팀은 자기를 제어하고 조절하 는 자제력이 전전두피질만이 아니라 측두두정연접과도 높은 관런이 있음을 보여주었습니다.[13] 앞 절에서 얘기했듯 측두두정연접은 조망수용을 관장하는 영역입니다. 연구팀이 전자기 코일을 머리 표면에 놓고 국소적으로 자기장을 통과시키는 경두개자기자극술transcranial magnetic stimulation, TMS을 사용해 측두두정연접의 활성화를 방해했을 때, 실험 참가자들은 장기적 이익을 염두에 두지 않는 충동적 의사결정을 더 많이 내렸고, 이기적인 행동이 증가했으며, 타인의 관점에서 상황을 바라보지 못했습니다. 정리해보면, 조망수용이 안 되자 충동성도 늘어나 자제력이 약해진 것이지요. 연구팀은 자제력을, 자신을 벗어나 타인의 관점으로 전환할 수 있는 능력이자 현재의 자아에 매몰되지 않고 미래의 자아를 염두에 둘수 있는 능력이라 설명합니다. 지금 내 욕구나 충동, 감정대로 어떤 행동을 했을 때 잠시 뒤의 자신, 또는 미래의 자신이 어떻게 느낄지 판단할 수 있다면 아무래도 자제력이 늘 수밖에 없겠지요? 내일 아침 분명히 후회하게 될 자기 자신을 떠올릴 수 있다면 밤늦게 라면을 끓여 먹기보다는 바나나를 하나 먹겠지요. 오늘 내가 과제를 마치지 않을 경우 두 배의 일더미에 치일 내일의 내 입장에서 생각한다면 미루기가 줄어들 겁니다. 이처럼 자기 자신을 잘 조망하는 사람이라면 타인의 마음도 유연하게 잘 조망할 가능성이 높습니다. 그래서 수첵 교수의 연구팀은 충동성impulsivity이 자기중심성egocentrism과 다르지 않다고 주장합니다. 평소 자기중심적 인지 편향을 알아차리고 타인의 입장에서 현재 상황을 보는 연습을 하거나, 미래의 내가 되어 현재의 의사결정에 대해 실시간 조망할 수 있다면 충동성이 낮아지고 자제력이 높아질 수 있다는 것이지요.

이 연구 결과는 타인의 입장에서 생각해보고, 공감능력과 이타심을 갖는 것이 어떻게 나에게 직접적으로 도움이 되는지를 보여줍니다. 대인관계 문제가 단순히 관계 문제로 끝나는 것이 아니라 개인의 심리 내적 문제와 긴밀하게 연관되어 있음을 보여주는 것이기도 합니다. 달라이 라마는 "높은 수준의 자비는 높은 경지에 이른 이기심일 뿐"이라고 말했습니다. 우리는 흔히 이타심을 이기심의 반대말처럼 사용하지만, 이타심을 '확장된 이기심'으로 볼 수도 있지 않을까요? 나를 살아 있는 존재 중 하나로, 지구의 한 귀퉁이를 잠시 빌려 사는 존재로 본다면 시야가 좀 확장될 수 있지요. 그런 마음을 자주 갖는다면 아마 조망수용도 더 잘될 거예요.

## '나다움'의 시작: 자존감이 아닌 '조망수용'

많은 연구에서 마음챙김과 조망수용이 높은 상관관계가 있다고 합니다. 내 마음에 일어나는 것을 알아차리고 있는 그대로 받아들이기를 잘하는 사람이라면 타인의 관점도 잘 받아들일 수 있겠지요. 만약 누군가가 이해되지 않거나 너무 싫어도 그 사람의 맥락과 처지에서 구체적으로 상황을 생각해볼 수 있다면, 타인을 향한 조망수용은 이미 상당히 높은 수준으로 되고 있는 것입니다.

하지만 그것이 다는 아닙니다. 자칫 다른 사람의 처지와 생각만 살피다가 자신을 놓치는 경우도 생깁니다. 관계를 매우 중요하게 여기는 우리 문화권에서는 내 생각을 분명히 밝히고 타인과 조금 다르더라도 내 기준대로 선택하고 행동하는 것보다, 웬만하면 타인과 비슷하게 맞추고 조화를 이루는 것을 중요하게 생각해왔죠. 그래서 대체로 다수의 눈치를 보고 윗사람, 또는 권위자의 뜻을 따르려고 합니다. 하지만 그런 것은 자기 마음을 방치하는 것이기 때문에 건강한 조망수용이 아니에요.

건강한 조망수용이란 대체 어떤 것일까요?

앞 장에서 살펴본 자기자비에 '인간보편성'이라는 개념이 포함된다고 얘기했죠? 불교에서는 '자타불이自他不二', 즉 나와 남이 둘이 아니라고 하지요. 맥락이 같은 이야기입니다. 내게 잘해주는 사람도, 나를 괴롭히는 사람도, 내가 참 좋아하는 사람도, 매우 싫어하는 사람도 알고 보면 별 차이 없이 다 살려고 애쓰는 생명입니다. 마찬가지로 내가 무언가를 잘했다고 해서 좋아하고, 뜻대로 잘못한다고 해서 미워하고, 예쁘다 못생겼다 날씬하다 뚱뚱하다 끊임없이 판단만 한다면 타인에 대해서도 계속 판단하고 비교하는 마음이 생기겠지요. 그렇게 나와 남에 대해 끊임없이 판단하는 마음을 내려놓으라는 것이에요. 누구나 병들고 늙으며 평생 비슷비

숫한 욕망에 시달리면서 기를 쓰고 살지만, 결국 우리 모두에게는 '죽음'이라는 명백한 한계가 있지 않나요.

이러한 인간보편적인 큰 틀로 내 상황을 내려다본다면 '나만 왜 이럴까?' 또는 '어떻게 나한테 이런 일이 생길 수 있어?'라는 억울한 마음이 마냥 생기지 않습니다. 동시에 타인에 대해서도 미워하고 비난하기 전에 그 사람의 상황을 들여다볼 여유가 아주 조금이라도 생겨납니다. 이처럼 자기자비를 익히면 자신과 타인의 경험에 대해 자기중심적 관점에서 벗어나 보편적 관점에서 바라보게 되므로, 힘든 일을 겪거나 관계에서 갈등이 일어나더라도 나와 타인의 요구를 균형 있게 조절할 수 있습니다.[14] 한마디로, 자기자비를 염두에 두면 자기에게만 주의의 초점을 두는 자기중심성이 줄어들어 조망수용 능력이 늘어날 수 있습니다.[15]

물론 이것이 내 의지대로 잘되지 않는 경우도 있습니다. 우리가 자신의 이름이나 성격에 대해 말하거나 나 자신에 대해 생각하는 등 자기와 관련된 정보를 처리하는 자기참조적 프로세스self-referential process가 돌아갈 때에는 디폴트모드네트워크의 일부 영역이 활성화됩니다. 재미있는 책을 읽거나 과제에 집중할 때 자기 자신에 대해 잠시 잊어버리고 빠져드는 순간이 있지요? 이럴 때 이 영역의 활동은 줄어듭니다. 하지만 주요 우울장애로 진단받은 환자들의 뇌에서는 이러한 감소가 일어나지 않는 경향이 있습니다.[16]

6장 서두에서 자기에 관한 정보에 민감한 사람이 우울하고 불행해질 가능성이 높다고 했죠? 우울하고 불행한 기분을 오래 느끼면 자기중심적이 되는 것일까요? 아니면 자기중심적 성향이 강하면 우울과 불행을 자주 느끼는 것일까요? 무엇이 먼저인지는 알 수 없지만, 이 악순환을 깨려면 왜 나는 자존감이 낮을까, 왜 저 사람보다 못할까, 왜 나한테 이런 일이 일어났을까, 왜 나는 항상 일이 안 풀릴까 등등 '나'를 판단하고 평가하려는 시선 자체를 알아차리고 시야를 넓혀야 합니다. 그래야 다른 사람이 보이고 세상이 눈에 들어옵니다.

자존감이 놓친 것은, 우리가 모두 연결되어 있는 존재라는 사실입니다. 듣기 좋으라고, 좋은 게 좋은 거라고 하는 얘기가 아닙니다. '내가 괜찮은 사람인지, 저 사람만큼 잘하는지, 사람들의 인정과 사랑을 받고 있는지'가 걱정돼서 자존감을 지키려고 노력하는 것은 결국 의미가 없고 애초에 방향을 잘못 잡은 거라는 얘기입니다. '내가 잘나고 소중해서'가 아니라 모두가 연결되어 있기 때문에 나를 건강하게 보살피는 것입니다. '생명이니까' 아끼고 돌보는 것이지요. 생명은 모두 연결되어 있어서 나 하나가 병들면 주위가 병들어가고, 내가 맑고 건강해야 주위가 맑고 건강해질 수 있기 때문입니다. 자기자비를 토대로 한 조망수용은 끊임없이 타인과 비교하며 자신에게만 시선이 가 있고, 인정받고 사랑받고 싶어서 끊임없이 자신을 괴롭히고 혹사하는 현대인에게 꼭 필요한 마음도구입니다.

앞에 등장했던 '고독'의 신경과학자 카치오포 박사는 이렇게 주장합니다. 사회적으로 고립되고 소외된 사람들을 위한 복지정책도 필요하지만, 무언가를 나누어주는 것만으로는 인간의 '고립감'을 해결하기 어렵다고 말이지요. 상호적이지 않기 때문이에요. 인간은 무언가 받을 때보다 무언가를 해줄 수 있을 때 타인과 연결된 느낌을 받습니다. 우리는 누구나 자신을 돌보고 타인을 돌보며 생명을 살리는 힘을 가지고 있습니다. 우리는 항상 내가 무엇을 원하는지, 어떻게 살아야 할지 고민하지만 정작 커다란 기쁨과 보람은 내가 누군가에게 도움을 줄 수 있거나 힘이 되어줄 수 있을 때 느낍니다. '나답게 살자' 또는 '눈치 보지 않고 나로 살겠다'고 외치지만 마치 내가 주위 사람들의 영향력을, 사회의 영향력을 무시할 수 있기라도 한 것처럼 생각한다면 또 다른 오류에 빠질 수 있습니다. 그보다는 내가 맺고 있는 관계 안에서 적절한 거리를 유지하면서도 우리가 서로 연결되어 있다는 사실을 잊지 않는 것, 이러한 균형과 조망이 진정 '나'로 살아가는 길일 것입니다.

과도한 경쟁사회에서 무시당하지 않고 밀려나지 않으려고 날을 세우고 맹목적으로 달려오면서 놓쳐버린 '나'는 지금 여기, 내가 관계 맺어온 사람들 사이에 있습니다. 다른 곳에서 찾을 수는 없는 것이지요. 내가 원하는 것이 무엇인지, 앞으로 어떤 삶을 살고 싶은지 알 수 없을 때 어디를 들여다봐야 할지 이제 실마리를 찾았나요?

# 열심히 살다가도 한없이 흔들리는
# 내 마음의 중심을 찾는 법

영국의 낭만파 시인 존 키츠John Keats는 언젠가 두 동생에게 이런 내용의 편지를 보냈습니다.[1]

> 위대한 작가가 되려면 나처럼 주관과 개성을 드러내는 것만으로는 부족해. 자기가 무언가 알지 못한다는 사실을 견디지 못해 진실을 찾겠다고 버둥대기보다는, 불확실성과 신비, 회의 안에 머무를 수 있는 능력이 필요하지. 셰익스피어는 이런 자질을 갖고 있었던 것 같아.

이러한 능력을 키츠는 '비우는 능력negative capability'이라고 불렀습니다. 자아, 혹은 아집을 비우고 모든 것을 있는 그대로 받아들이는 능력을 뜻하지요. 일반적으로 우리가 '능력'이라고 부르는 것은 대개 뭔가를 더 배워서 지식이나 역량이 늘어나는 것을 뜻합니다. 그것을 양(+)의 능력 또는 정적positive 능력이라고 한다면,

'비우는 능력'은 더 얻거나 채우는 것이 아닌 음(−)의 능력, 다른 말로 부적negative 능력이라고 말할 수 있습니다. 우리가 일반적으로 추구하는 것의 반대 방향이죠. negative라는 단어 때문에 종종 '부정적 수용 능력'이라든가 '소극적 수용 능력'으로 번역되기도 하지만, 자아의 한계를 뛰어넘는다는 점에서 그 무엇보다 적극적인 삶의 태도라 할 수 있을 것입니다.

우리는 대체로 뭔가를 '더' 하는 것에 익숙합니다. 자주 피로감을 느끼는 것이 운동 부족이라고 생각해서 필라테스를 등록한다거나, 건강보조제를 하나 더 구입합니다. 미래에 대한 불안감을 떨치기 위해 단기간에 돈 버는 방법을 알아보거나 자기계발의 종목을 한 가지 더 늘리려 합니다. 심지어 명상까지도 '부정적인 감정을 빨리 끊어내고 생산성을 높이는 방법'으로 생각하는 분들이 많습니다(역효과만 뒤따르는 오해입니다). 이렇게 뭔가를 더 없는 방향의, 더하기(+)로 일관된 대처는 필연적으로 긴장을 유발합니다. 새로 시작한 것이 얼른 효과를 발휘해야 하는데, 없는 시간과 돈을 쪼개어 투자한 것이 현명한 선택이었는지 확인하느라 초조해지죠. 얼마 안 가 효과가 없다고 판단되면 그것을 대체할 만한 또 다른 것을 찾습니다. 또 하나를 더하죠. 이렇게 늘 뭔가를 더하느라 바쁜 현대인들은 '나한테 뭐가 부족하지? 뭐 빠진 것 없을까? 놓치는 것 없나?'와 같은 생각을 하며 늘 통제 모드로 살아갑니다. 불안장애가 형성되기 좋은 조건이지요.

한편 스크린 기반의 현대 기술 사회는 사람들로 하여금 늘 뭔가를 '구경하게' 합니다. '누구나' 콘텐츠를 만들고 쉽게 유포할 수 있는 것처럼 보이지만, 막대한 자본과 권력(영향력)의 전쟁터인 온라인 세상에서 '누구나' 주도적이고 적극적인 참여를 할 수 있는 것은 아닙니다. 적극적 참여자보다는 오히려 수동적인 구경꾼과 소비자들을 양산해내지요. 항상 할 것이 있고 바쁜 것처럼 느껴지지만 중요하고 의미 있는 활동은 별로 없습니다. 언제 어디서나 연결되어 있는 것 같지만 사실상 어디에도 정말로 연결되어 있지는 않지요. 온라인 연결은 실제 관계에 들어 있는 관심과 보살핌의 행위가 빠져 있다는 점에서 가짜 연결이고 다만 구경일 뿐입니다. 구경하기는 쉽고 에너지가 덜 들어가지만, 참여하기에 비해 새롭게 배우거나 경험할 수 있는 것이 별로 없지요.

그럼에도 사람들은 깨어 있는 대부분의 시간을 온라인 세상에서 살아갑니다. 매일 새롭게 올라오는 정보와 광고 속에서 일상은

'가속화'되고 업무 시간과 개인적인 시간, 낮과 밤, 공적인 것과 사적인 것의 경계가 사라집니다. 결과적으로 늘 바쁘지요. 한 가지에만 집중할 수 있는 시간은 점차 줄어들고, 멀티태스킹으로 늘 각성되어 불면에 시달립니다. 만성 피로에서 벗어나기 위해 '디지털 디톡스' 프로그램을 신청하고, 휴가를 다녀와서 다시 '디지털'에 파묻힙니다. 제한된 시간 안에 쓸모 있는 결과를 내야 한다는 생산성 강박이 사람들을 불안정하게 만듭니다.

컬럼비아대학교의 종교학자 마크 테일러Mark Taylor는 현대인들의 '분주함busyness'이 일종의 산만함이며 현대사회의 '가속'이 만들어내는 불안에 대처하기 위한 방어기제에 해당한다고 말합니다.[2] 하나의 산만함에서 또 다른 산만함으로 끝없이 옮겨가면서 불안한 현실을 잊으려 한다는 것이죠. 일시적으로는 불안을 가릴 수 있겠지만, 계속 뭔가를 잊게 되지요. 더 많이 잊을수록 우리가 누구인지 또는 우리가 어디로 가고 있는지 알 수 없어지므로 정체성 혼란과 방향 상실을 호소하는 사람들은 더 많아질 것입니다. 이런

시대를 살아가려면 어떤 지혜가 필요할까요?

빼기(−) 또는 비우기 능력이 필요합니다. 이제는 좀 덜어내야 합니다. 그러려면 자신도 모르게 계속하는 습관적 생각, 강박적 과잉 행동을 멈출 수 있어야 하지요. 이러한 작업을 도와줄 수 있는 도구가 마음챙김과 자기자비입니다.

인간의 마음은 어디로든 자유롭게 여행할 수 있는 무한한 능력이 있습니다. 똑같은 상황에 있더라도, 마음이 어디 있는지에 따라 경험이 달라지죠. 마음을 잘 쓰려면 '마음이 어디로 가 있는지' 알아차리고 몸이 있는 곳으로 데려오는 연습을 해야 합니다. 관계나 감정 문제에서 특별한 어려움을 겪고 있지 않다면, 자기자비에 초점을 맞춘 마음챙김만 해도 충분히 탄탄한 삶을 구축할 수 있습니다. 시간과 장소의 한계를 넘어 나와 타인의 마음을 짐작할 수 있는 조망수용까지 늘린다면 금상첨화겠지요.

한편 자꾸 내 뜻과 달리 힘들고 고통스러운 관계가 되풀이된다거나 감정적 어려움을 겪고 있다면 자기분화와 애착, 정서분별과 정서조절을 찬찬히 들여다보기를 권합니다. 관계의 어려움은 감정적 어려움과 다르지 않으니까요. 모든 관계를 내 뜻대로 좌지우지하거나 타인의 말과 행동을 내 마음대로 바꿀 수는 없어도, 그에 대한 반응은 바꿀 수 있습니다. 특히 3장의 정서분별을 통해 내 마음을 깊이 읽다 보면 사실은 관계의 문제도 내 안에서 일어난다는 사실을 알게 될 겁니다. 이 사실을 깨달으면 감정과 관계에서 많이 자유로워집니다.

이 책에 소개된 일곱 가지 마음도구는 서로 긴밀하게 연결되어 있습니다. 그래서 하나를 이해하기 위해 다른 하나를 들여다보아야 합니다. 하지만 나에게 더 와 닿는 것, 지금 내게 필요하다고 생각되는 것부터 시작해도 괜찮습니다.

어떤 도구를 통해서든, 앞으로의 삶을 보다 만족스럽게 살아갈 수 있다면 좋겠네요. 지금까지 불필요한 곳에 힘을 많이 썼다면, 이제는 꼭 필요한 것을 위해 노력과 시간, 자원을 쓰면 좋겠습니다. 삶의 목적이나 의미는 먼 곳이나 내게 없는 것에서 찾을 수 있는 게 아닙니다. 지금 내 일상에 이미 들어와 있는 것이죠. 내게 소중한 것, 그리고 지금 내가 함께하는 사람들과의 관계 안에서 발견해내는 것입니다. 지금 맺고 있는 관계 안에서 나와 상대의 감정을 알고, 각자의 거리를 존중하며 더욱 건강하고 안녕한 삶을 더불어 살아가는 것, 이것이 이 책이 여러분에게 최종적으로 보여주려는 그림입니다.

서양 문화에 익숙한 우리는 인간을 유한한 존재로, 신을 무한한 존재로 쪼개어 바라보지만, 동양의 지혜에 귀 기울일 때 우리 인간은 이미 무한입니다. 풀잎에 맺힌 이슬처럼, 손등을 스치는 바람처럼, 모르는 이에게 길을 가르쳐주는 친절한 얼굴처럼 무한입니다. 한계를 정하고 스스로 구속하는 것도 '나'요, 그로 인해 온갖 괴로움에 시달리는 것도 '나'입니다. 그 모두가 내가 하는 일입니다. 그러니 하지 않을 수도 있겠지요.

마음이라는 무한의 세계를 살아가는 여러분 모두에게 앞으로의 삶이, 방어해야 하는 두려움보다는 발견하는 기쁨으로 가득한 여정이 되기를 바랍니다.

## 1장 나는 왜 항상 휘둘리는가?

1 McLaren, K. (2013). *The Art of Empathy: A Complete Guide to Life's Most Essential Skill.* Sounds True.

2 통계청 (2016). 2015년 혼인·이혼 통계. http://kostat.go.kr/

3 http://neurosciencenews.com/maturation-neuroscience-5796/

4 알프레드 아들러 원저, 변지영 편저 (2014). 《항상 나를 가로막는 나에게》. 서울: 카시오페아.

5 Bowen, M. (1976). Theory in the practice of psychotherapy. In P. J. Guerin, Jr. (Ed.), *Family Therapy: Theory and Practice*, (pp. 42-90). New York, NY: Garner Press.

6 스코우론과 프리들랜더가 개발한 '자기분화 척도'를 참조하여 한국 문화에 맞게 새롭게 구성함. Skowron, E. A., & Friedlander, M. L. (1998). "The Differentiation of Self Inventory: Development and initial validation." *Journal of Counseling Psychology*, 45(3), 235-246.

7 Bowen, M. (1993). *Family Therapy in Clinical Practice.* Jason Aronson; 마이클 니콜라스 (2011). 《가족치료: 개념과 방법》(제9판). 김영애 외 역. 서울: 피어슨에듀케이션코리아.

8 Kerr, M. E., & Bowen, M. (1988). *Family Evaluation.* New York, NY: Norton.

9 Bartle-Haring, S., Glade, A. C., & Vira, R. (2005). "Initial levels of differentiation and reduction in psychological symptoms for clients in marriage and family therapy." *Journal of Marital and Family Therapy*, 31(1),

121-131; Knerr, M., & Bartle-Haring, S. (2010). "Differentiation, perceived stress and therapeutic alliance as key factors in the early stage of couple therapy." *Journal of Family Therapy*, 32(2), 94-118; Day, H. D., St Clair, S. A., & Marshall, D. D. (1997). "Do people who marry really have the same level of differentiation of self?." *Journal of Family Psychology*, 11(1), 131-135.

10  Murdock, N. L., & Gore Jr, P. A. (2004). "Stress, coping, and differentiation of self: A test of Bowen theory." *Contemporary Family Therapy*, 26(3), 319-335.

11  Beebe, R. S. (2007). "Predicting burnout, conflict management style, and turnover among clergy." *Journal of Career Assessment*, 15(2), 257-275; Thomas, J. (2013). "Association of personal distress with burnout, compassion fatigue, and compassion satisfaction among clinical social workers." *Journal of Social Service Research*, 39(3), 365-379; Beebe, R., & Frisch, N. (2009). "Development of the Differentiation of Self and Role Inventory for Nurses (DSRI-RN): A tool to measure internal dimensions of workplace stress." *Nursing Outlook*, 57(5), 240-245; Atkins, P. W. (2014). "Empathy, self-other differentiation and mindfulness training." In K. Pavlovich & K. Krahnke (Eds.) *Organizing through Empathy*, New York: Routledge.

12  카바이올라 등이 개발한 WDI(Workplace Differentiation Inventory, 직장생활 분화 척도)를 참조하여 한국 맥락에 맞게 새롭게 구성. Cavaiola, A. A., Peters, C., Hamdan, N., & Lavender, N. J. (2012). "Differentiation of self and its relation to work stress and work satisfaction." *Journal of Psychological Issues in Organizational Culture*, 3(1), 7-20.

13  Katherine, A. (2000). *Where to Draw the Line: How to Set Healthy Boundaries Every Day*. New York, NY: Fireside.

## 2장  일과 사람에 둘러싸여도 허전한 진짜 이유

1  Russek, L. G., & Schwartz, G. E. (1997). "Feeling of parental caring predict

health status in midlife: A 35-year follow-up of the Harvard Mastery of Stress Study." *Journal of Behavioral Medicine*, 20(1), 1-13.

2    Bowlby, J. (1969/1982). *Attachment and Loss. Attachment* (Vol. 1). New York: Basic Books.

3    Spanglar, G., Schieche, M., Ilg, U., Maier, U., & Ackermann, C. (1994). "Maternal sensitivity as an external organizer for biobehavioral regulation in infancy." *Developmental Psychobiology*, 27(7), 425-437.

4    Davidson, R. J. (2000). "Affective style, psychopathology, and resilience: brain mechanisms and plasticity." *American Psychologist*, 55(11), 1196-1214.

5    Cozolino, L. (2014). *The Neuroscience of Human Relationships: Attachment and the Developing Social Brain* (270p.). WW Norton & Company.

6    Ainsworth, M. D. S., Blehar, M. C., Waters, E., & Wall, S. (1978). *Patterns of Attachment: A Psychological Study of the Strange Situation*. Oxford, UK: Erlbaum.

7    변지영 (2015). 《아직 나를 만나지 못한 나에게》. 서울: 비즈니스북스.

8    Troisi, A., D'Argenio, A., Peracchio, F., & Petti, P. (2001). "Insecure attachment and alexithymia in young men with mood symptoms." *The Journal of Nervous and Mental Disease*, 189(5), 311-316.

9    http://www.drjonicewebb.com/wp-content/uploads/2015/10/New-Welcome-Page-for-Website-PDF.pdf

10   Webb, J. (2012). *Running on Empty: Overcome Your Childhood Emotional Neglect*. Morgan James Publishing.

11   Gibson, L. C. (2015). *Adult Children of Emotionally Immature Parents: How to Heal from Distant, Rejecting, or Self-Involved Parents*. New Harbinger Publications.

12   Cozolino, L. (2014). *The Neuroscience of Human Relationships: Attachment and the Developing Social Brain*. WW Norton & Company.

13   Weissman, M. M., Warner, V., Wickramaratne, P., Moreau, D., & Olfson, M. (1997). Offspring of depressed parents: 10 years later. *Archives of general*

*psychiatry*, 54(10), 932-940; Beardselee, W. R., Versage, E. M., & Giadstone, T. R. (1998). Children of affectively ill parents: A review of the past 10 years. *Journal of the American Academy of Child & Adolescent Psychiatry*, 37(11), 1134-1141.

14  Silk, J. S., Shaw, D. S., Forbes, E. E., Lane, T. L., & Kovacs, M. (2006). Maternal depression and child internalizing: The moderating role of child emotion regulation. *Journal of Clinical Child and Adolescent Psychology*, 35(1), 116-126.

15  Kiel, E. J., & Kalomiris, A. E. (2015). Current themes in understanding children's emotion regulation as developing from within the parent-child relationship. *Current opinion in psychology*, 3, 11-16.

16  노안영, 강영신 (2011). 《성격 심리학》. 서울: 학지사.

17  Kirkpatrick, L. A., & Hazan, C. (1994). "Attachment styles and close relationships: A four-year prospective study." *Personal Relationships*, 1(2), 123-142.

18  Davila, J., Burge, D., & Hammen, C. (1997). "Why does attachment style change?" *Journal of Personality and Social Psychology*, 73(4), 826.

19  Gillath, O., Hart, J., Noftle, E. E., & Stockdale, G. D. (2009). "Development and validation of a state adult attachment measure (SAAM)." *Journal of Research in Personality*, 43(3), 362-373; Park, S. D., & Lee, W. K. (2012). "The Reliability and Validity of the Korean Version of State Adult Attachment Measure." *Journal of Korean Neuropsychiatric Association*, 51(4), 147-155.

### 3장  내 감정을 알면 보이는 것들

1  Barrett, L. F. (2004). "Feelings or words? Understanding the content in self-report ratings of experienced emotion." *Journal of Personality and Social Psychology*, 87(2), 266-281.

2  http://ei.yale.edu/ruler/ruler-overview/

3  Brackett, M. A., Rivers, S. E., Reyes, M. R., & Salovey, P. (2012). "Enhancing

academic performance and social and emotional competence with the RULER feeling words curriculum." *Learning and Individual Differences*, 22(2), 218-224.

4  Hagelskamp, C., Brackett, M. A., Rivers, S. E., & Salovey, P. (2013). "Improving classroom quality with the ruler approach to social and emotional learning: Proximal and distal outcomes." *American Journal of Community Psychology*, 51(3-4), 530-543.

5  http://ei.yale.edu/ruler/the-feeling-words-curriculum/

6  Edelman, G. (2001). "Consciousness: the remembered present." *Annals of the New York Academy of Sciences*, 929(1), 111-122.

7  Barrett, L. F., Gross, J., Christensen, T. C., & Benvenuto, M. (2001). "Knowing what you're feeling and knowing what to do about it: Mapping the relation between emotion differentiation and emotion regulation." *Cognition & Emotion*, 15(6), 713-724.

8  Kashdan, T. B., Barrett, L. F., & McKnight, P. E. (2015). "Unpacking Emotion Differentiation Transforming Unpleasant Experience by Perceiving Distinctions in Negativity." *Current Directions in Psychological Science*, 24(1), 10-16.

9  Kashdan, T. B., Ferssizidis, P., Collins, R. L., & Muraven, M. (2010). "Emotion differentiation as resilience against excessive alcohol use an ecological momentary assessment in underage social drinkers." *Psychological Science*, 21(9), 1341-1347.

10  Pond, R. S., Kashdan, T. B., Dewall, C. N., Savostyanova, A. A., Lambert, N. M., & Fincham, F. D. (2012). "Emotion differentiation moderates aggressive tendencies in angry people: A daily diary analysis." *Emotion*, 12, 326-337.

11  Barrett, L. F., & Satpute, A. B. (2013). "Large-scale brain networks in affective and social neuroscience: towards an integrative functional architecture of the brain." *Current Opinion in Neurobiology*, 23(3), 361-372.

12  Lindquist, K. A., & Barrett, L. F. (2008). "Emotional complexity. In M.

Lewis," J. M. Haviland-Jones, & L. F. Barrett (Eds.). *Handbook of Emotions* (3rd ed., pp. 513-530). New York, NY: Guilford.

13  Demiralp, E., Thompson, R. J., Mata, J., Jaeggi, S. M., Buschkuehl, M., Barrett, L. F., ... & Gotlib, I. H. (2012). "Feeling blue or turquoise? Emotional differentiation in major depressive disorder." *Psychological Science*, 23(11), 1410-1416.

14  Kashdan, T. B., & Farmer, A. S. (2014). "Differentiating emotions across contexts: Comparing adults with and without social anxiety disorder using random, social interaction, and daily experience sampling." *Emotion*, 14(3), 629-638.

15  Erbas, Y., Ceulemans, E., Boonen, J., Noens, I., & Kuppens, P. (2013). "Emotion differentiation in autism spectrum disorder." *Research in Autism Spectrum Disorders*, 7(10), 1221-1227.

16  Selby, E. A., Wonderlich, S. A., Crosby, R. D., Engel, S. G., Panza, E., Mitchell, J. E., ... & Le Grange, D. (2013). "Nothing tastes as good as thin feels low positive emotion differentiation and weight-loss activities in anorexia nervosa." *Clinical Psychological Science*.

17  Suvak, M. K., Litz, B. T., Sloan, D. M., Zanarini, M. C., Barrett, L. F., & Hofmann, S. G. (2011). "Emotional granularity and borderline personality disorder." *Journal of Abnormal Psychology*, 120(2), 414-426.

18  Kircanski, K., Lieberman, M. D., & Craske, M. G. (2012). "Feelings Into Words: Contributions of Language to Exposure Therapy." *Psychological Science*, 23(10), 1086-1091.

19  Barrett, L. F., Wilson-Mendenhall, C. D., & Barsalou, L. W. (2014). "A psychological construction account of emotion regulation and dysregulation: The role of situated conceptualizations." In J. J. Gross (Ed.). *The Handbook of Emotion Regulation* (2nd ed., pp. 447-465). New York, NY: Guilford.

20  김송이, 엄진섭, 노은여, 유성은 (2013). 〈개별정서척도의 개발과 타당화〉.《한국심리학회지: 일반》, 32(1), 63-89; 박인조, 민경환 (2005). 〈한국어 감정단어

278

의 목록 작성과 차원 탐색〉,《한국심리학회지: 사회 및 성격》, 19(1), 109-129; 홍창희 (2004). 〈한국 정서 경험 척도의 개발과 타당화 연구〉,《한국심리학회지: 임상》, 23(3), 771-787; 한덕웅, 강혜자 (2000). 〈한국어 정서 용어들의 적절성과 경험 빈도〉,《한국심리학회지: 일반》, 19(2), 63-99; 안신호, 이승혜, 권오식 (1993). 〈정서의 구조: 한국어 정서단어 분석〉,《한국심리학회지: 사회 및 성격》, 7(1), 107-123. 등을 참조.

21  Clore, G. L., & Gasper, K. (2000). "Feeling is believing: Some affective influences on belief." *Emotions and Beliefs: How Feelings Influence Thoughts*, 10-44.

22  Gohm, C. L., & Clore, G. L. (2000). "Individual differences in emotional experience: Mapping available scales to processes." *Personality and Social Psychology Bulletin*, 26(6), 679-697.

23  Swinkels, A., & Giuliano, T. A. (1995). "The measurement and conceptualization of mood awareness: Monitoring and labeling one's mood states." *Personality and Social Psychology Bulletin*, 21(9), 934-949.

24  Clore, G.L., & Parrott W.G. (1991). "Moods and their vicissitudes: Thought and feelings as information." In J.P. Forgas (Ed.), *Emotion and Social Judgment*. Oxford, UK: Pergamon.

## 4장 감정은 내 마음의 SOS 신호

1  Ekman, P., Friesen, W. V., O'Sullivan, M., Chan, A., Diacoyanni-Tarlatzis, I., Heider, K., & Scherer, K. (1987). "Universals and cultural differences in the judgments of facial expressions of emotion." *Journal of Personality and Social Psychology*, 53(4), 712-717.

2  http://www.theatlantic.com/health/archive/2014/02/new-research-says-there-are-only-four-emotions/283560/

3  Hohwy, J. (2013). *The Predictive Mind*. Oxford University Press.

4  Kleckner, I. R., Zhang, J., Touroutoglou, A., Chanes, L., Xia, Chengie, Simmons, W. K., Quigley, K.S., Dickerson, B. C., & Barrett, L. F.

(2017). "Evidence for a large-scale brain system supporting allostasis and interoception in humans." *Nature Human Behavior* 1, doi:10.1038/s41562-017-0069.

5    Sterling, P. (2012). "Allostasis: a model of predictive regulation." *Physiology & behavior*, 106(1), 5-15.

6    Barrett, L. F., & Simmons, W. K. (2015). "Interoceptive predictions in the brain." *Nature Reviews Neuroscience*, 16(7), 419-429.

7    Barrett, L. F. (2017). "The theory of constructed emotion: an active inference account of interoception and categorization." *Social Cognitive and Affective Neuroscience*, 12(1), 1-23.

8    Raichle, M. E. (2010). Two views of brain function. *Trends in cognitive sciences*, 14(4), 180-190.

9    Craig, A. D. (2014). *How Do You Feel?*. Princeton University Press.

10   https://dictionary.apa.org/exteroception

11   Barrett, L. F., & Simmons, W. K. (2015). Interoceptive predictions in the brain. *Nature reviews neuroscience*, 16(7), 419-429; Chanes, L., & Barrett, L. F. (2016). Redefining the role of limbic areas in cortical processing. *Trends in cognitive sciences*, 20(2), 96-106.

12   Freddolino, P. L., & Tavazoie, S. (2012). "Beyond homeostasis: a predictive-dynamic framework for understanding cellular behavior." *Annual Review of Cell and Developmental Biology*, 28, 363-384.

13   Barrett, L. F. (2017). *How emotions are made: The Secret Life in the Brain*. New York, NY: Houghton-Mifflin-Harcourt.

14   http://neurosciencenews.com/emotional-hangover-psychology- 5810/

15   Edelman, G. M., & Gally, J. A. (2001). "Degeneracy and complexity in biological systems." *Proceedings of the National Academy of Sciences*, 98(24), 13763-13768.

16   MacLean, P. D. (1990). "The triune brain in evolution: Role in paleocerebral functions." *Springer Science & Business Media*.

17 Clark, A. (2013). "Whatever next? Predictive brains, situated agents, and the future of cognitive science." *Behavioral and Brain Sciences*, 36(3), 181-204.

18 Kahneman, D. (1999). "Objective happiness." In D. Kahneman, E. Diener, & N. Schwarz(Eds.). *Well-being: The Foundations of Hedonic Psychology* (pp. 3-25). New York, NY: Russell Sage Foundation.

19 Pratto, F., & John, O.P. (1991). "Automatic vigilance: The attention-grabbing power of negative social information." *Journal of Personality and Social Psychology*, 61, 380-391.

20 Quigley, K. S., & Feldman Barrett, L. (1999). "Emotional learning and mechanisms of intentional psychological change." In J. Brandtstadter, & R.M. Lerner (Eds.), *Action and development: Origins and Functions of Intentional Self-development* (pp. 435-464). Thousand Oaks, CA: Sage.

21 Tamir, M. (2009). "What do people want to feel and why? Pleasure and utility in emotion regulation." *Current Directions in Psychological Science*, 18(2), 101-105.

22 Kim, M. Y., Ford, B. Q., Mauss, I., & Tamir, M. (2015). "Knowing when to seek anger: Psychological health and context-sensitive emotional preferences." *Cognition and Emotion*, 29(6), 1126-1136.

23 Tamir, M. (2005). "Don't worry, be happy? Neuroticism, trait-consistent affect regulation, and performance." *Journal of Personality and Social Psychology*, 89(3), 449-461.

24 Tamir, M., & Ford, B. Q. (2012). "When feeling bad is expected to be good: emotion regulation and outcome expectancies in social conflicts." *Emotion*, 12(4), 807-816.

25 Elliot, A. J., & Thrash, T. M. (2002). "Approach-avoidance motivation in personality: approach and avoidance temperaments and goals." *Journal of Personality and Social Psychology*, 82(5), 804-818.

26 Carver, C. S. (2001). "Affect and the functional bases of behavior: On the dimensional structure of affective experience." *Personality and Social*

*Psychology Review*, 5(4), 345-356.

27  Tamir, M. (2009). "Differential preferences for happiness: Extraversion and trait-consistent emotion regulation." *Journal of Personality*, 77(2), 447-470.

28  Elliot, A. J., & Thrash, T. M. (2002). "Approach-avoidance motivation in personality: approach and avoidance temperaments and goals." *Journal of Personality and Social Psychology*, 82(5), 804-818.

29  Carver, C. S. (2001). "Affect and the functional bases of behavior: On the dimensional structure of affective experience." *Personality and Social Psychology Review*, 5(4), 345-356.

30  Tamir, M. (2009). "Differential preferences for happiness: Extraversion and trait-consistent emotion regulation." *Journal of Personality*, 77(2), 447-470.

31  Tamir, M., & Ford, B. Q. (2012). "When feeling bad is expected to be good: emotion regulation and outcome expectancies in social conflicts." *Emotion*, 12(4), 807-816.

32  Tamir, M. (2009). "What do people want to feel and why? Pleasure and utility in emotion regulation." *Current Directions in Psychological Science*, 18(2), 101-105.

33  위와 같은 자료.

## 5장  감정에 쏠려가지 않게 닻을 내리는 법

1  명상지도자 기 암스트롱. http://dharmaseed.org/teacher/79/

2  http://hbr.org/2015/12/the-busier-you-are-the-more-you-need-mindfulness

3  http://www.theatlantic.com/education/archive/2015/08/mindfulness-education-schools-meditation/402469

4  Germer, C. K. (2009). *The Mindful Path to Self-compassion: Freeing Yourself from Destructive Thoughts and Emotions*. Guilford Press.

5  Germer, C. K. (2004). "What is mindfulness." *Insight Journal*, 22, 24-29; Germer, C. K., Siegel, R. D., & Fulton, P. R. (Eds.). (2013). *Mindfulness and Psychotherapy*. Guilford Press.

6  정준영, 박성현 (2010). 〈초기불교의 사띠(Sati)와 현대심리학의 마음챙김 (mindfulness): 마음챙김 구성개념 정립을 위한 제언〉. 《한국심리학회지: 상담 및 심리치료》, 22(1), 1-32.

7  서정형 (2010). 〈《밀린다팡하》 해제〉. 《철학사상》, 16, 별책 2권 제2호, 1-130.

8  Keng, S. L., Smoski, M. J., & Robins, C. J. (2011). "Effects of mindfulness on psychological health: A review of empirical studies." *Clinical Psychology Review*, 31(6), 1041-1056.

9  엘렌 랭어 (2015). 《마음챙김》. 이양원 역. 서울: 도서출판 더퀘스.

10  http://hbr.org/2014/03/mindfulness-in-the-age-of-complexity

11  Kabat-Zinn, J. (2003). "Mindfulness-based interventions in context: past, present, and future." *Clinical Psychology: Science and Practice*, 10(2), 144-156.

12  Brown, K. W., & Ryan, R. M. (2003). "The benefits of being present: Mindfulness and its role in psychological well-being." *Journal of Personality and Social Psychology*, 84, 822-848.

13  Bishop, S. R., Lau, M., Shapiro, S., Carlson, L., Anderson, N. D., Carmody, J., ... & Devins, G. (2004). "Mindfulness: A proposed operational definition." *Clinical Psychology: Science and Practice*, 11(3), 230-241.

14  위와 같은 자료.

15  Suzuki, D. T., Fromm, E., & De Martino, R. (1960). *Zen Buddhism and Psychoanalysis*. New York: Harper & Row; Watts, A. W. (1961). *Psychotherapy East and West*. New York: Pantheon Books.

16  Segal, Z. V., Williams, J. M. G., & Teasdale, J. D. (2002). *Mindfulness-based Cognitive Therapy for Depression: A New Approach to Preventing Relapse*. New York, NY: Guilford Press.

17  Linehan, M. (1993). *Cognitive-behavioral Treatment of Borderline Personality Disorder*. New York: Guilford Press.

18  Hayes, S. C., Strosahl, K. D., & Wilson, K. G. (1999). *Acceptance and Commitment Therapy: An Experiential Approach to Behavior Change*. Guilford

Press.

19  Kabat-Zinn, J. (1982). "An outpatient program in behavioral medicine for chronic pain patients based on the practice of mindfulness meditation: Theoretical considerations and preliminary results." *General Hospital Psychiatry*, 4(1), 33-47.

20  http://www.umassmed.edu/cfm/stress-reduction/mbsr-standards-of-practice/

21  Keng, S. L., Smoski, M. J., & Robins, C. J. (2011). "Effects of mindfulness on psychological health: A review of empirical studies." *Clinical Psychology Review*, 31(6), 1041-1056.

22  Shapiro, S. L., Carlson, L. E., Astin, J. A., & Freedman, B. (2006). "Mechanisms of mindfulness." *Journal of Clinical Psychology*, 62(3), 373-386.

23  Ehring, T., & Watkins, E. R. (2008). "Repetitive negative thinking as a transdiagnostic process." *International Journal of Cognitive Therapy*, 1(3), 192-205.

24  Jain, S., Shapiro, S. L., Swanick, S., Roesch, S. C., Mills, P. J., Bell, I., & Schwartz, G. E. (2007). "A randomized controlled trial of mindfulness meditation versus relaxation training: effects on distress, positive states of mind, rumination, and distraction." *Annals of Behavioral Medicine*, 33(1), 11-21.

25  Teasdale, J. D., Moore, R. G., Hayhurst, H., Pope, M., Williams, S., & Segal, Z. V. (2002). "Metacognitive awareness and prevention of relapse in depression: empirical evidence." *Journal of Consulting and Clinical Psychology*, 70(2), 275-287.

26  Hargus, E., Crane, C., Barnhofer, T., & Williams, J. M. G. (2010). "Effects of mindfulness on meta-awareness and specificity of describing prodromal symptoms in suicidal depression." *Emotion*, 10(1), 34-42.

27  Baer, R. A. (2003). "Mindfulness training as a clinical intervention: A conceptual and empirical review." *Clinical psychology: Science and practice*,

10(2), 125-143; Kabat-Zinn, J. (1982). "An outpatient program in behavioral medicine for chronic pain patients based on the practice of mindfulness meditation: Theoretical considerations and preliminary results." *General Hospital Psychiatry*, 4(1), 33-47.

28   Borkovec, T. D. (2002). "Life in the future versus life in the present." *Clinical Psychology: Science and Practice*, 9(1), 76-80.

29   Feldner, M. T., Zvolensky, M. J., Eifert, G. H., & Spira, A. P. (2003). "Emotional avoidance: An experimental test of individual differences and response suppression using biological challenge." *Behaviour Research and Therapy*, 41(4), 403-411; Sloan, D. M. (2004). "Emotion regulation in action: Emotional reactivity in experiential avoidance." *Behaviour Research and Therapy*, 42(11), 1257-1270.

30   Ekman, P., Davidson, R. J., Ricard, M., & Wallace, B. A. (2005). "Buddhist and psychological perspectives on emotions and well-being." *Current Directions in Psychological Science*, 14(2), 59-63.

31   McIntosh, W. D. (1997). "East meets West: Parallels between Zen Buddhism and social psychology." *The International Journal for the Psychology of Religion*, 7(1), 37-52.

32   Brown, K. W., & Ryan, R. M. (2003). "The benefits of being present: mindfulness and its role in psychological well-being." *Journal of Personality and Social Psychology*, 84(4), 822.

33   Davidson, R. J., Kabat-Zinn, J., Schumacher, J., Rosenkranz, M., Muller, D., Santorelli, S. F., ... & Sheridan, J. F. (2003). "Alterations in brain and immune function produced by mindfulness meditation." *Psychosomatic Medicine*, 65(4), 564-570.

34   Wielgosz, J., Schuyler, B. S., Lutz, A., & Davidson, R. J. (2016). "Long-term mindfulness training is associated with reliable differences in resting respiration rate." *Scientific Reports*, 6, 27533.

35   Lazar, S. W., Kerr, C. E., Wasserman, R. H., Gray, J. R., Greve, D. N.,

Treadway, M. T., ... & Rauch, S. L. (2005). "Meditation experience is associated with increased cortical thickness." *Neuroreport*, 16(17), 1893-1897.

36 Hölzel, B. K., Carmody, J., Vangel, M., Congleton, C., Yerramsetti, S. M., Gard, T., & Lazar, S. W. (2011). "Mindfulness practice leads to increases in regional brain gray matter density." *Psychiatry Research: Neuroimaging*, 191(1), 36-43.

37 http://www.techinsider.io/harvard-neuroscientist-sara-lazar-meditation-interview-2015-8 라자 박사의 인터뷰 내용을 토대로 재구성. 이 뒤에 나오는 라자 박사의 견해는 모두 이 출처에서 인용.

38 Creswell, J. D., Taren, A. A., Lindsay, E. K., Greco, C. M., Gianaros, P. J., Fairgrieve, A., ... & Ferris, J. L. (2016). "Alterations in Resting-State Functional Connectivity Link Mindfulness Meditation With Reduced Interleukin-6: A Randomized Controlled Trial." *Biological Psychiatry*.

39 이하 http://www.biocomtech.com/hrv-science/heart-rate-variability-basics 참조.

40 Hansen, A. L., Johnsen, B. H., & Thayer, J. F. (2009). "Relationship between heart rate variability and cognitive function during threat of shock." *Anxiety, Stress, & Coping*, 22(1), 77-89.

41 Hansen, A. L., Johnsen, B. H., & Thayer, J. F. (2003). "Vagal influence on working memory and attention." *International Journal of Psychophysiology*, 48(3), 263-274.

42 Grossmann, I., Sahdra, B. K., & Ciarrochi, J. (2016). "A Heart and A Mind: Self-distancing Facilitates the Association Between Heart Rate Variability, and Wise Reasoning." *Frontiers in behavioral neuroscience*, 10.

43 Nijjar, P. S., Puppala, V. K., Dickinson, O., Duval, S., Duprez, D., Kreitzer, M. J., & Benditt, D. G. (2014). "Modulation of the autonomic nervous system assessed through heart rate variability by a mindfulness based stress reduction program." *Int J Cardiol*, 177(2), 557-559.

44  http://hbr.org/2014/03/mindfulness-in-the-age-of-complexity

45  http://www.visitfinland.com/travel-trade/marketing-finland/silence-please

46  https://nautil.us/this-is-your-brain-on-silence-235023/

47  http://www.apa.org/monitor/2011/07-08/silence.aspx

48  http://www.ncbi.nlm.nih.gov/pmc/articles/PMC1860846/

49  Holton, R., & Berridge, K. (2013). "Addiction between compulsion and choice." *Addiction and Self-Control: Perspectives from Philosophy, Psychology, and Neuroscience*, Oxford University Press, New York, 239-268; Barrett, L. F., & Bliss-Moreau, E. (2009). "Affect as a psychological primitive." *Advances in Experimental Social Psychology*, 41, 167-218.

50  http://dharmaseed.org/teacher/79/

## 6장 그 누구보다도 나에게 친절할 수 있다면

1  Ingram, R. E. (1990). "Self-focused attention in clinical disorders: Review and a conceptual model." *Psychological Bulletin*, 107(2), 156-176.

2  James, W. (1890). *The Principles of Psychology*. Cambridge, MA: Harvard University Press.

3  http://www.yorku.ca/rokada/psyctest/rosenbrg.pdf

4  Rhodewalt, F., & Tragakis, M. W. (2003). "Self-esteem and self-regulation: Toward optimal studies of self-esteem." *Psychological Inquiry*, 14(1), 66-70.

5  Tesser, A. (1988). "Toward a self-evaluation maintenance model of social behavior." *Advances in Experimental Social Psychology*, 21, 181-227.

6  Baumeister, R. F., Smart, L., & Boden, J. M. (1996). "Relation of threatened egotism to violence and aggression: the dark side of high self-esteem." *Psychological Review*, 103(1), 5-33.

7  Kernis, M. H. (2003). "AUTHOR'S RESPONSE: Optimal Self-Esteem and Authenticity: Separating Fantasy from Reality." *Psychological Inquiry*, 14(1), 83-89.

8  Crocker, J., Luhtanen, R. K., Cooper, M. L., & Bouvrette, A. (2003).

"Contingencies of self-worth in college students: theory and measurement." *Journal of Personality and Social Psychology*, 85(5), 894-908.

**9**  http://nymag.com/scienceofus/2016/06/to-get-happier-focus-on-what-makes-you-miserable.html?hootPostID=0bd8103eb992e0e23a380dad2c48a a1d

**10**  Ryan, R. M., & Brown, K. W. (2003). "Why we don't need self-esteem: On fundamental needs, contingent love, and mindfulness." *Psychological Inquiry*, 14(1), 71-76.

**11**  미산 외 (2015). 《자비, 깨달음의 씨앗인가 열매인가》. 서울: 운주사.

**12**  The Dalai Lama. (2001). *An Open Heart: Practising Compassion in Everyday Life*. London: Hodder & Stoughton.

**13**  Gilbert, P. & Choden, P. (2014). *Mindful Compassion: How the Science of Compassion Can Help You Understand Your Emotions, Live in the Present, and Connect Deeply with Others*. New Harbinger Publications.

**14**  Neff, K. (2003). "The development and validation of a scale to measure self-compassion." *Self and Identity*, 2(3), 223-250; Gilbert, P. (2010). *Compassion Focused Therapy: Distinctive Features*. London: Routledge.

**15**  Goleman, D. (2002). *Destructive Emotions: A Scientific Dialogue with the Dalai Lama*. New York: Bantam & Mind and Life Institute.

**16**  van den Brink, E., & Koster, F. (2015). *Mindfulness-based Compassionate Living: A New Training Programme to Deepen Mindfulness with Heartfulness*. New York: Routledge.

**17**  http://www.theatlantic.com/health/archive/2016/05/why-self-compassion-works-better-than-self-esteem/481473/

**18**  Neff, K. (2003). "Self-compassion: An alternative conceptualization of a healthy attitude toward oneself." *Self and Identity*, 2(2), 85-101.

**19**  "states that make the mind inclined to think one thing rather than another," Spinoza, B. (1677/1989). *Ethica*. (transl. G. H. R. Parkinson) London: Everyman.

20  Siegel, R. D. (2010) *The Mindfulness Solution: Everyday Practices for Everyday Problems.* New York: Guilford.

21  Gilbert, P. & Choden, P. (2014). *Mindful Compassion: How the Science of Compassion Can Help You Understand Your Emotions, Live in the Present, and Connect Deeply with Others.* New Harbinger Publications.

22  Maex, E. (2011). "The Buddhist roots of mindfulness training: a practitioners view." *Contemporary Buddhism*, 12(01), 165-175.

23  Feldman, C., & Kuyken, W. (2011). "Compassion in the landscape of suffering." *Contemporary Buddhism*, 12(01), 143-155.

24  Gilbert, P., McEwan, K., Matos, M., & Rivis, A. (2011). "Fears of compassion: Development of three self-report measures." *Psychology and Psychotherapy: Theory, Research and Practice*, 84(3), 239-255.

25  Gilbert, P., McEwan, K., Mitra, R., Franks, L., Richter, A., & Rockliff, H. (2008). "Feeling safe and content: A specific affect regulation system? Relationship to depression, anxiety, stress, and self-criticism." *The Journal of Positive Psychology*, 3(3), 182-191.

26  Gilbert, P., McEwan, K., Bellew, R., Mills, A., & Gale, C. (2009). "The dark side of competition: How competitive behaviour and striving to avoid inferiority are linked to depression, anxiety, stress and self-harm." *Psychology and Psychotherapy: Theory, Research and Practice*, 82(2), 123-136.

27  Gilbert, P., McEwan, K., Gibbons, L., Chotai, S., Duarte, J., & Matos, M. (2012). "Fears of compassion and happiness in relation to alexithymia, mindfulness, and self-criticism." *Psychology and Psychotherapy: Theory, Research and Practice*, 85(4), 374-390.

28  Moser, J. S., Dougherty, A., Mattson, W. I., Katz, B., Moran, T. P., Guevarra, D., ... & Kross, E. (2017). "Third-person self-talk facilitates emotion regulation without engaging cognitive control: Converging evidence from ERP and fMRI." *Scientific Reports*, 7.

29  https://hbr.org/2016/02/your-high-intensity-feelings-may-be-tiring-you-

out?utm_campaign=HBR&utm_source=facebook&utm_medium=social

**30**  https://www.emmaseppala.com

**31**  http://ccare.stanford.edu/about/people/ccare-staff/#391

**32**  Seppala, E. (2016). *The Happiness Track: How to Apply the Science of Happiness to Accelerate Your Success*. New York, NY: Harper One.

**33**  Hohwy, J. (2013). *The Predictive Mind*. Oxford University Press.

**34**  Germer, C. K. (2009). *The Mindful Path to Self-compassion: Freeing Yourself from Destructive Thoughts and Emotions* (pp. 257-258). Guilford Press 참조.

**35**  Wallace, B. A. (2006). *The Attention Revolution: Unlocking the Power of the Focused Mind* (pp. 41-42). Simon and Schuster 참조.

## 7장 마침내, 진짜 나를 만날 시간

**1**  Cacioppo, S., Bangee, M., Balogh, S., Cardenas-Iniguez, C., Qualter, P., & Cacioppo, J. T. (2016). "Loneliness and implicit attention to social threat: A high-performance electrical neuroimaging study." *Cognitive Neuroscience*, 7(1-4), 138-159.

**2**  Kringelbach, M. L., & Berridge, K. C. (2010). "The functional neuroanatomy of pleasure and happiness." *Discovery Medicine*, 9(49), 579-587.

**3**  Matthews, G. A., Nieh, E. H., Vander Weele, C. M., Halbert, S. A., Pradhan, R. V., Yosafat, A. S., & Wildes, C. P. (2016). "Dorsal raphe dopamine neurons represent the experience of social isolation." *Cell*, 164(4), 617-631.

**4**  Cole, S. W., Capitanio, J. P., Chun, K., Arevalo, J. M., Ma, J., & Cacioppo, J. T. (2015). "Myeloid differentiation architecture of leukocyte transcriptome dynamics in perceived social isolation." *Proceedings of the National Academy of Sciences*, 112(49), 15142-15147.

**5**  Inagaki, T. K., Muscatell, K. A., Irwin, M. R., Cole, S. W., & Eisenberger, N. I. (2012). "Inflammation selectively enhances amygdala activity to socially threatening images." *Neuroimage*, 59(4), 3222-3226.

6   Saxe, R., & Kanwisher, N. (2003). "People thinking about thinking people: the role of the temporo-parietal junction in "theory of mind"." *Neuroimage*, 19(4), 1835-1842.

7   Singer, T., & Lamm, C. (2009). "The social neuroscience of empathy." *Annals of the New York Academy of Sciences*, 1156(1), 81-96; Morishima, Y., Schunk, D., Bruhin, A., Ruff, C. C., & Fehr, E. (2012). "Linking brain structure and activation in temporoparietal junction to explain the neurobiology of human altruism." *Neuron*, 75(1), 73-79; Decety, J., & Lamm, C. (2007). "The role of the right temporoparietal junction in social interaction: how low-level computational processes contribute to meta-cognition." *The Neuroscientist*, 13(6), 580-593.

8   Chang, C. F., Hsu, T. Y., Tseng, P., Liang, W. K., Tzeng, O. J., Hung, D. L., & Juan, C. H. (2013). "Right temporoparietal junction and attentional reorienting." *Human Brain Mapping*, 34(4), 869-877.

9   Hogan, R. (1969). "Development of an empathy scale." *Journal of Consulting and Clinical Psychology*, 33(3), 307-316.

10  Piaget, J. (1932). *The Moral Development of the Child*. London: Kegan Paul.

11  Clark, K. B. (1980). "Empathy: A neglected topic in psychological research." *American Psychologist*, 35(2), 187-190

12  Long, E. C., & Andrews, D. W. (1990). "Perspective taking as a predictor of marital adjustment." *Journal of Personality and Social Psychology*, 59(1), 126-131.

13  Soutschek, A., Ruff, C. C., Strombach, T., Kalenscher, T., & Tobler, P. N. (2016). "Brain stimulation reveals crucial role of overcoming self-centeredness in self-control." *Science Advances*, 2(10), e1600992.

14  Yarnell, L. M., & Neff, K. D. (2013). "Self-compassion, interpersonal conflict resolutions, and well-being." *Self and Identity*, 12(2), 146-159.

15  Neff, K. D., & Pommier, E. (2013). "The relationship between self-

compassion and other-focused concern among college undergraduates, community adults, and practicing meditators." *Self and Identity*, 12(2), 160-176; 변지영 (2017). 〈자기자비와 부부관계의 질: 부부 조망수용과 역기능적 의사소통의 매개효과〉. 용문상담심리대학원대학교 석사학위논문.

16  Sheline, Y. I., Barch, D. M., Price, J. L., Rundle, M. M., Vaishnavi, S. N., Snyder, A. Z., ... & Raichle, M. E. (2009). "The default mode network and self-referential processes in depression." *Proceedings of the National Academy of Sciences*, 106(6), 1942-1947.

## 나오며

1  Keats, J. (1899). *The Complete Poetical Works and Letters of John Keats*, Cambridge Edition. Houghton, Mifflin and Company. p. 277.

2  Taylor, M. C. (2014). *Speed limits: Where time went and why we have so little left.* Yale University Press.